DROIT MARITIME. — TABLE DE 60 ANS. — 1804-1864

LÉGISLATION, DOCTRINE ET JURISPRUDENCE

SUR

L'ABORDAGE MARITIME

Avec une Table Alphabétique, Méthodique et Raisonnée

Par Aldrick CAUMONT, Avocat au Barreau du Havre

Membre titulaire de la Société Havraise d'Études Diverses, Membre correspondant de l'Institut historique de France, de l'Académie de Législation de Toulouse et de plusieurs Sociétés savantes, Membre effectif de l'Association Internationale pour le Progrès des Sciences Sociales à Bruxelles, Professeur de Droit Commercial et Maritime et de Droit Économique à l'Hôtel-de-Ville du Havre; Auteur du *Dictionnaire universel du Droit commercial maritime*, de l'*Institution du Crédit sur Marchandises ou le Commerce du Monde d'après les Warrants français*, de l'*Amiable Composition remplaçant l'Arbitrage volontaire*, des *Considérations sur les Contrats nautiques et sur l'Assurance du Fret à faire et du Profit espéré*, du *Plan de Dieu, ou Physiologie du Travail*, de l'*Étude sur la vie et les travaux de Grotius, ou le Droit Naturel et international des Gens de Mer*, de l'*Application des Warrants à la Propriété Maritime*, de la *Moralité dans le Droit*, etc., etc.

> Colligendæ autem sunt regulæ, non tantum rotæ et vulgate, sed et aliæ magis subtiles et recunditæ, quæ ex legum et rerum judicatarum harmonia extrahi possint; quales in rubricis optimis quibusque nonnunquam nnnulæ; antique dictamina generalia relinunt, quæ pro materiæ legis diversas percurrunt, et sunt tanquam subora juris.
>
> Bacon, *de Just. univ. Aph. 82.*

PARIS

Aug. DURAND, libraire-édit., rue des Grès, 7; A. GUILLAUMIN et Cie, libraires, rue Richelieu, 19.

1864

HAVRE — IMP. LEPELLETIER, PLACE LOUIS-PHILIPPE.

PARIS. — DURAND, GUILLAUMIN & Cᵒ, LIBRAIRES-ÉDITEURS

Ouvrages du même Auteur :

DICTIONNAIRE UNIVERSEL DU DROIT COMMERCIAL MARITIME

Il manquait sur toutes les matières du Droit Maritime un ouvrage complet et spécial qui présentât, dans l'ordre alphabétique et avec sommaires analytiques, des résumés précis de législation, de doctrine et de jurisprudence jusqu'à ce jour ; un ouvrage qui joignît à la sûreté des indications des sources et des autorités cette netteté d'exposition et cette mesure de développements qui, en excluant tout ce qui est superflu, n'omettent rien de ce qui est nécessaire ; il *manquait* en un mot un Dictionnaire ou répertoire méthodique, renfermant sous chaque article un traité substantiel, tel qu'il le faut à tous ceux qui sont mêlés au mouvement des affaires et à l'étude du droit maritime. — M. Aldrick Caumont, avocat au barreau du Havre, vient de combler cette lacune en composant consciencieusement le répertoire le plus vaste qui ait jamais existé sur cette branche de la législation générale. Le Dictionnaire présente l'état complet de la législation, de la doctrine et de la jurisprudence ; chaque solution est accompagnée des éléments de controverse et des autorités pour et contre ; pour faciliter les recherches, il y a, en tête de chaque article, une table sommaire de mots indicateurs, et une table synoptique qui permet d'embrasser d'un coup d'œil les divisions générales. L'importance et l'utilité de cet ouvrage sur le *Droit maritime*, ont été signalées par les Chambres de Commerce de France et de l'étranger et dans des comptes-rendus émanés des plus savants jurisconsultes. Notre devoir est de laisser la parole aux maîtres de la science et aux hommes compétents dans la Magistrature et le Barreau.

— M. ALDRICK CAUMONT a terminé le grand travail qu'il avait entrepris sur le droit commercial maritime, et dont nous avons déjà annoncé les livraisons au moment de leur publication. L'auteur n'a pas failli à la lourde tâche qu'il s'était imposée, et il a mené à bonne fin une œuvre dont l'étendue et les difficultés exigeaient autant d'énergie que de science et d'expérience. Le droit commercial maritime n'est pas, en effet, restreint aux intérêts privés entre commerçants, bien que le Code de commerce se borne là et que le champ ainsi circonscrit soit encore assez vaste ; il comprend, de plus, les rapports des négociants, capitaines et armateurs, avec le Gouvernement, à raison des mesures prescrites, soit en vue du fisc, soit dans un intérêt général de sécurité ou de bonne administration ; enfin, il touche aux relations internationales, soit dans l'état de paix, soit dans l'état de guerre. — M. A. CAUMONT a abordé le droit commercial maritime sous toutes ses faces : outre les matières qu'embrasse le Code de commerce, il a traité avec non moins de soin et d'étendue celles régies par les lois particulières. C'est ainsi qu'il s'occupe des *Consuls*, de la *Douane*, etc., dans leurs rapports si nombreux avec le commerce maritime ; qu'il consacre divers articles, *Discipline maritime, Inscription maritime, Marine de l'Etat*, etc., aux marins du commerce, et à la discipline sur les navires ; que les mots *Pilote, Police satinaire, Port*, etc., résument tout ce qui concerne les mesures d'ordre et de sécurité publique ou privée ; c'est ainsi encore que sous les mots *Armements en course* et *Prises maritimes*, il considère le commerce maritime dans ses rapports avec les nations ennemies. — Nous n'avons pas besoin de dire qu'il n'a omis aucune des matières nouvellement réglementées qui devaient rentrer dans son cadre, et que les articles, notamment consacrés aux *Bateaux à vapeur, à l'Emigration Européenne*, etc., ne sont ni les moins intéressants, ni les moins complets. — M. A. CAUMONT a parfaitement justifié le titre de *Dictionnaire universel* qu'il a donné à son ouvrage ; ajoutons qu'il n'a pas fait seulement un résumé de la législation mais que, toutes les fois que la matière le comportait, il y a joint les nombreux documents fournis par la doctrine et la jurisprudence, soit de la Cour de Cassation et des Cours impériales, soit même des Tribunaux de Commerce. Chaque article important est, du reste, précédé, selon l'usage suivi aujourd'hui dans ces sortes d'ouvrages, d'une table des divisions de la matière et d'une table alphabétique de mots indicateurs renvoyant à chacune des propositions de l'article. — Quant aux articles secondaires placés dans le corps du livre pour guider le lecteur, M. A. CAUMONT ne s'est pas borné à les faire suivre d'un vague renvoi aux articles principaux, il a pris soin d'indiquer les numéros même de ces articles principaux où il y a lieu de se reporter, de telle sorte que sans fatigue, sans embarras, le lecteur trouve de suite ce qui lui importe de connaître. Les travailleurs savent combien sont utiles de telles indications, ils sauront gré à l'auteur de n'avoir point négligé ces détails, beaucoup plus importants qu'on ne l'imagine. — En résumé, le **Dictionnaire universel** de Mᵉ A. CAUMONT est un répertoire de la législation de la doctrine, et de la jurisprudence commerciale maritime dans la véritable acception du mot, et comme il résume dans la forme la plus commode et de la manière la plus nette des documents et des notions que les commerçants, les armateurs, les capitaines de navires et même les hommes d'affaires avaient le plus souvent peine à trouver dans les recueils où ils étaient dispersés, il sera accueilli par tous, avec d'autant plus d'empressement qu'ils y trouveront un guide plus sûr, en même temps plus complet. — *(Journal du Palais.)*

DROIT MARITIME

TRAITÉ SUR L'ABORDAGE

DROIT MARITIME. — TABLE DE 60 ANS. — 1804-1864

LÉGISLATION, DOCTRINE ET JURISPRUDENCE

SUR

L'ABORDAGE MARITIME

Avec une Table Alphabétique, Méthodique et Raisonnée

Par Aldrick CAUMONT, Avocat au Barreau du Havre

Membre titulaire de la Société Havraise d'Etudes Diverses; Membre correspondant de l'Institut Historique de France, de l'Académie de Législation de Toulouse et de plusieurs Sociétés savantes ; Membre effectif de l'Association Internationale pour le Progrès des Sciences Sociales à Bruxelles ; Professeur de Droit Commercial et Maritime et de Droit Economique à l'Hôtel-de-Ville du Havre ; Auteur du *Dictionnaire universel du Droit commercial maritime* ; de l'*Institution du Crédit sur Marchandises ou le Commerce du Monde d'après les Warrants français* ; de l'*Amiable Composition remplaçant l'Arbitrage volontaire* ; des *Considérations sur les Contrats nautiques et sur l'Assurance du Fret à faire et du Profit espéré* ; du *Plan de Dieu ou Physiologie du Travail* ; de l'*Etude sur la vie et les travaux de Grotius ou le Droit naturel et international* ; des *Gens de Mer* ; de l'*Application des Warrants à la Propriété Maritime* ; de la *Moralité dans le Droit*, etc., etc.

Colligendæ autem sunt regulæ, non tantum notæ et vulgatæ, sed et aliæ magis subtiles et reconditæ, quæ ex legum, et rerum judicatarum harmoniâ extrahi possint ; quales in rubricis optimis quandoque inveniuntur : suntque dictamina generalia rationis, quæ per materias legis diversas percurrunt, et sunt tanquam sabura juris.

BACON, *de lib. auxil. Aph.* 82.

PARIS

Aug. DURAND, libraire-édit., rue des Grès, 7. | GUILLAUMIN et C°, libraires, rue Richelieu, 19.

1864

HAVRE — IMP. LEPELLETIER, PLACE LOUIS-PHILIPPE

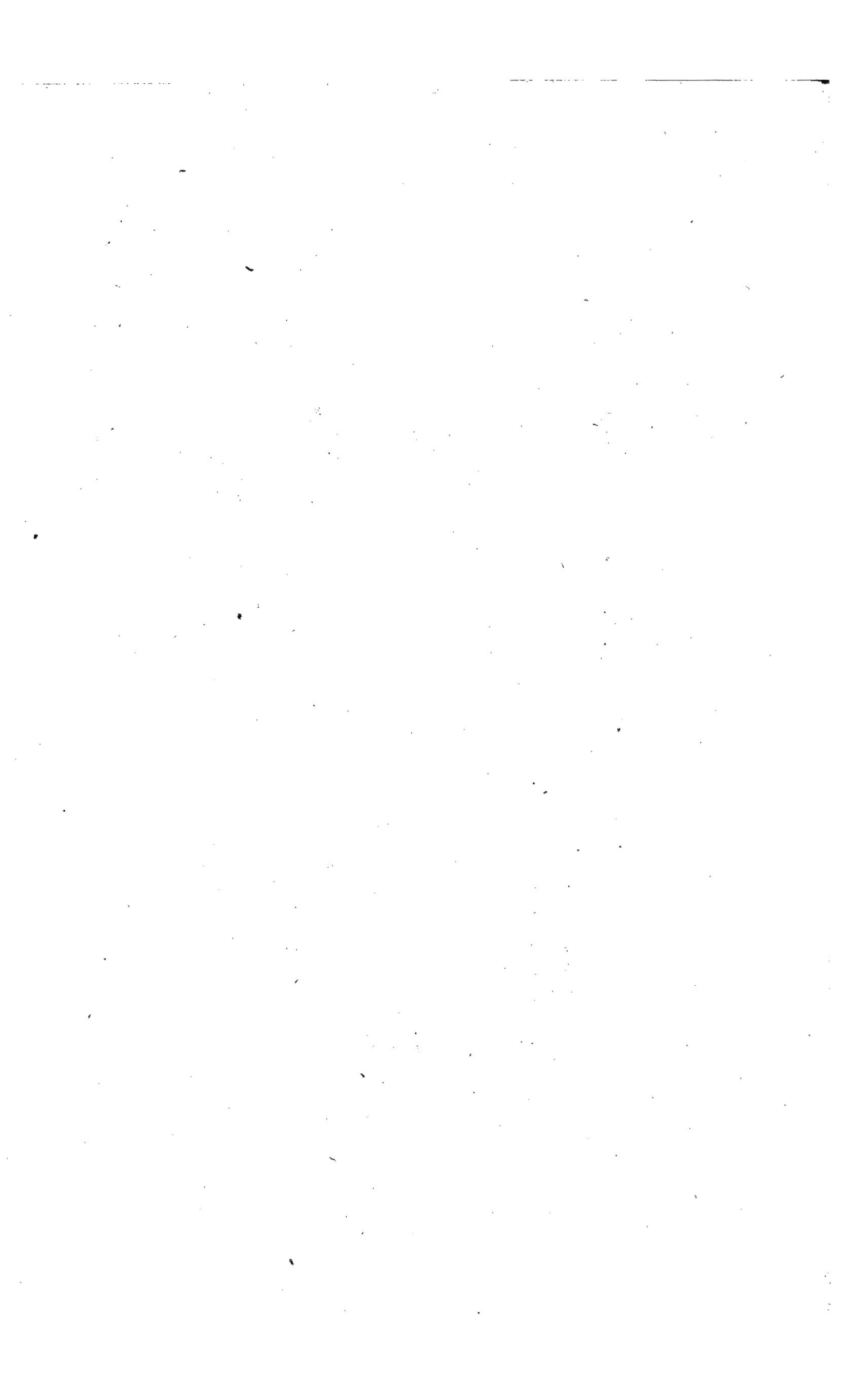

INTRODUCTION

Antè omnia, judicia reddita in curiis supremis et prin
cipalibus, atque causis gravioribus, præsertim dubiis, quæ-
que aliquid habent difficultatis, aut novitatis, diligenter et
cum fide excipiunto. Judicia enim anchoræ legum sunt,
ut leges reipublicæ.

(BACON. — De perscriptione judiciorum. Aph. LXXIII.)

I. — Les abordages parlent un langage éloquent. Le tableau des naufrages sur les côtes d'Angleterre, pendant
l'année 1856, prouve que les accidents dûs à des abordages ont atteint vingt pour cent de leur nombre total.
Ainsi : — 1° Huit navires ont été avariés par ancrage hors de
place ; — 2° sept perdus et vingt-huit avariés par oubli des
lumières prescrites ; — 3° quinze perdus et cinquante-neuf
avariés par manque de vigilance ; — 4° onze perdus et
quarante-huit avariés par faute dans la manœuvre prescrite pour la route à prendre en cas de rencontre ; — 5° cinq
perdus et vingt-six avariés par négligence. De sorte que
le total des abordages dûs à des fautes s'est élevé au
chiffre considérable de deux cent quatre-vingt-seize pour
les côtes du Royaume-Uni seulement. D'un autre côté,
si on veut élargir la statistique anglaise, on peut se
convaincre, par la lecture des journaux maritimes de
Londres, surtout du *Lloyd'sList* et du *Shipping-Gazette*,
que pendant les onze années — 1845 à 1855 — 6908 abordages
se sont produits : sur lesquels 672 pertes classées de la
manière suivante : — 1° collisions entre vapeurs contre vapeurs 24 ; — 2° collisions entre vapeurs contre navires à voiles

27 ; — 3° collisions entre navires à voiles contre vapeurs 73 ;
— 4° collisions entre navires à voiles entre eux, connus et
spécifiés 364 ; — 5° collisions entre navires à voiles entre
eux, non connus et non spécifiés 151 ; — 6° abordages doubles
et coulages mutuels 36.

II. — De pareils sinistres appelaient, contre l'incurie sur
mer, des mesures préventives aussi protectrices de l'intérêt
individuel et collectif que celles qui gouvernent les transports sur terre. Déjà en Angleterre le *Merchant Shipping
Act* de 1854, amendé par ceux de 1855 et de 1862, avait
posé les bases d'une loi de sécurité générale et placé dans
les mains du *Board of Trade* le droit de suspendre ou de
retirer les brevets de tout capitaine, si après enquête sa
conduite était reconnue fautive. Spécialement, en matière
d'abordage le *Merchant Shipping Act* (art. 299) veut que
le dommage aux personnes et aux choses, provenant de ce
qu'un navire quelconque n'a pas observé les règles prescrites, soit censé avoir été occasionné par la faute volontaire de la personne en charge du pont du navire au
moment de l'accident ; à moins qu'il ne soit prouvé que
les circonstances du cas rendaient nécessaire la violation
du règlement. D'un autre côté, le *Merchant Shipping Act
amendment Act* du 27 juillet 1862 veut (art. 29) qu'en
cas de collision par suite d'inobservation des règlements
le navire qui ne les a pas observés soit tenu pour responsable, s'il ne prouve qu'il n'a agi par nécessité.

III. — Dans notre législation française cette disposition existe
depuis longtemps à l'état latent (1135-1382 et suiv. c. nap.).
Les tribunaux, souverains appréciateurs des faits et circonstances des collisions, ont pu chaque jour en faire une
sage et légitime application. Mais hâtons-nous de le dire,
la marine impériale de la France est entrée plus avant
dans les voies de la vigilance nautique et de la sécurité
maritime. Effectivement on ne saurait trop applaudir aux mesures de police et de sûreté — soigneusement élaborées avec le
génie de l'expérience — destinées à régir la conduite et à

gouverner la direction des navires du commerce et des bati-
ments marchands, sur les grandes routes maritimes et flu-
viales où, comme sur les voies ferrées, la vapeur est aujour-
d'hui l'âme de la locomotion.

IV. — L'Empereur, à qui la France doit tant de réformes utiles et dont la puissante initiative est si féconde en résultats
pratiques, avait, dès le 17 août 1852, garanti la sécurité de la
navigation par un décret qui fut amendé en 1858 et définitivement remplacé par celui du 25 octobre 1862. Ce dernier
règlement impérial constitue véritablement la police même de
la navigation. Partout animé de l'esprit économique engendré
par la loi de solidarité, il aiguillonne perpétuellement la vigilance des gens de mer et chasse forcément du cœur des équipages l'incurie et la négligence. Que dis-je ? En allumant
dans leur âme la vaillance dans le devoir, il perfectionne
éminemment notre droit maritime si laconique dans ses dispositions législatives.

V. — Dans cette occurence, ne convenait-il pas d'appuyer
la théorie juridique sur l'abordage de faits pratiques, pour
arriver à des conclusions rationnelles et à créer la véritable
science positive et philosophique sur la matière ? Nous l'avons
pensé. Aussi, était-ce un impérieux devoir de nous mettre
à l'œuvre ? Pour remplir notre tâche nous n'avons pas reculé
devant les difficultés et les obstacles de toutes sortes, les travaux rebutants, les peines et les fatigues d'un compilateur :
nous rappelant qu'on est hostile au Progrès si on ne s'efforce
de systématiser les conquêtes acquises.

VI. — Aider les gens de mer, la magistrature consulaire et le
barreau, et tous ceux qui sont mêlés au mouvement des affaires
nautiques, dans la pratique malheureusement trop négligée du
droit sur l'abordage maritime ; — faciliter au plus haut point
l'étude sérieuse des graves questions presque toujours complexes et multiples qui surgissent à tout instant sur cette
branche importante de la jurisprudence génerale : voilà le
but de ce travail. Travail de peu de gloire sans doute, mais

de patientes recherches où se trouvent reliées entr'elles et méthodiquement classées, en n'en conservant substantiellement que la moëlle, toutes les solutions de doctrine, de législation et de jurisprudence sur l'abordage. On s'est particulièrement attaché à joindre à la sûreté des indications des sources et des autorités, cette netteté d'exposition et cette mesure de développements qui, en excluant tout ce qui est superflu, n'omettent rien de ce qui est nécessaire. En outre, chaque solution est accompagnée de tous les éléments de controverse, pour et contre, avec le sentiment raisonné de l'auteur sur chaque point controversé. Enfin nous avons renvoyé : 1° à tous les auteurs qui ont écrit sur la matière ; 2° aux grands recueils périodiques de Dalloz, du *Journal du Palais*, et de Sirey ; 3° aux recueils spéciaux d'Aix, Anvers, Bordeaux, Havre, Marseille, Nantes et Rouen. En rapprochant les diverses citations on aura la nomenclature de toutes les autorités sur la question jugée. Le lecteur appreciera si, voulant uniquement être utile à la chose publique en rendant service à la science, nous avons rempli notre tâche et atteint notre but.

VII. — Avons-nous besoin, d'ajouter que pour faciliter les recherches, il y a en tête de l'ouvrage un vaste sommaire alphabétique, méthodique et raisonné : véritable tableau synoptique de la matière ? Cette table permet d'embrasser d'un seul coup-d'œil tout l'ouvrage dans son ensemble. Elle rend les recherches d'autant plus promptes et plus faciles qu'elle renvoie à une série numérique enchaînant tout l'ouvrage. Les personnes qui apprécient à sa juste valeur le précieux emploi du temps se prononceront sur l'utilité de pareils instruments de travail. Quant à nous, nous avons toujours pensé qu'une table de matières doit être à un livre ce qu'un escalier est à une maison. Une construction scientifique, fût-elle la plus belle de toutes, peut-elle atteindre à son utilité pratique si elle n'est instantanément pénétrée dans toutes ses parties, par des indications rigoureusement certaines qui puissent promptement fixer le lecteur ?

INDICATION DES PRINCIPAUX AUTEURS CITÉS.

ANTHOINE DE SAINT JOSEPH. — Concordance des Codes internationaux avec notre Code Commercial.

ALAUZET. — Commentaire du Code de Commerce.

AZUNI. — Dizzionario della Giurisprudenza mercantile.

BÉDARRIDE. — Commentaire du Code de Commerce.

BOUCHER. — Consulat de la Mer.

BOULAY-PATY. — Cours du Droit Commercial Maritime.

CAUCHY. — Le Droit Maritime International.

CAINES. — Lex Mercatoria Americana.

CASAREGIS. — Discursus legales de Commercio.

CAUMONT. — Dictionnaire universel du Droit Commercial Maritime et Traité des Gens de Mer.

CAUVET. — Traité sur les Assurances Maritimes.

CLAIRAC. — Us et Coutumes de la Mer.

COURCY. (Alfred de) — Réforme internationale du Droit Maritime.

DALLOZ. — Jurisprudence générale et Recueil périodique de Lois et Arrêts.

DELABORDE. — Des Avaries particulières.

DELAMARRE et LE POITVIN. — Traité du Droit Commercial.

DE RAYNEVAL. — De la Liberté des Mers.

DUFOUR. — Droit Maritime.

EMERIGON. — Assurances et Contrats.

ENGELS et VAN PEBORGH. — Unité de Législation régissant internationalement le règlement des Avaries.

FRIGNET. — Traité des Avaries.

GUERRAND et ELOY. — Traité des Capitaines.

GAZETTE DES TRIBUNAUX. — Recueil de Jugements et Arrêts.

GROTIUS. — Mare liberum et de Jure Belli ac Pacis.

HEINECCIUS. — Opera ad universam Jurisprudentiam.

JOURNAL DU PALAIS. — Recueil général de Lois et Arrêts.

Journaux d'Aix, d'Anvers, de Bordeaux, du Havre, de Marseille, de Nantes et de Rouen. — Recueils maritimes spéciaux de Jugements et Arrêts.

Kuricke. — Diatribe de Assecurationibus.

Le Droit. — Journal des Tribunaux.

Locré. — Esprit du Code de Commerce.

Loccenius. — De Jure maritimo et navali.

Magens. — Essay on insurances.

Marquart. — De jure mercatorum et commerciorum.

Martens. — Grundrise des handelsrechts insbesondere des Wechselund-Seerechts.

Massé. — Le Droit Commercial dans ses rapports avec le Droit des Gens et le Droit Civil.

Pardessus. — Cours de Droit Commercial.

Pothier. — Traité du Contrat à la Grosse et du Contrat d'Assurance.

Rocci. — Responsa legalia de mercatura et de assecuratione de navibus et naulo.

Sibille. — Jurisprudence et doctrine en matière d'abordage.

Sirey. — Recueil général des Lois et Arrêts.

Stypman. — Jus Maritimum.

Toussaint. — Code-Manuel des Armateurs et des Capitaines.

Valin. — Commentaire sur l'ordonnance de la Marine.

Vattel. — Droit des Gens.

Welderkop. — Introductio in jus nauticum.

EXPLICATION DES RENVOIS ET ABRÉVIATIONS

Aix, 11 Août 1859; Jur. A. 59. 216 — signifie : Arrêt de la Cour Impériale d'Aix, rendu le 11 Août 1859, et rapporté dans le bulletin des arrêts de cette cour, année 1859, page 216.

Anvers, 23 Janv. 1863; Jur. Anv. 63. 1. 274 — signifie : Jugement du Tribunal de Commerce d'Anvers, rendu le 23 Janvier 1863 et rapporté dans la jurisprudence du port d'Anvers, année 1863, première partie, page 274.

Bordeaux, 23 Fév. 1863 ; Jur. Bord. 63. 106 — signifie : Arrêt de la Cour impériale de Bordeaux, rendu le 23 Février 1863, rapporté dans le journal des arrêts de la Cour impériale de Bordeaux, année 1863, page 106.

Caen, 28 Fév. 1844; P. 44. 2. 387 — signifie : Arrêt de la Cour Impériale de Caen, du 28 Février 1844, rapporté dans le journal du Palais, année 1844, tome deuxième, page 387.

Cassation, 12 Janv. 1847; S. V. 47. 1. 590 — signifie : Arrêt de la Cour de Cassation, rendu le 12 Janvier 1847, rapporté dans le recueil général de Sirey, année 1847, première partie, page 590.

Havre, 14 Août 1855. Jur. Hav. 55. 1. 160 — signifie : Jugement du Tribunal de Commerce du Havre, en date du 14 Août 1855, rapporté dans le recueil de Jurisprudence commerciale et maritime du Havre, année 1855, première partie, page 160.

MARSEILLE, 25 Mai 1855 ; Jur. Mars. 55. 1. 184 — signifie : Jugement du tribunal de Commerce de Marseille, en date du 25 Mai 1855, rapporté dans le journal
de Jurisprudence commerciale et maritime de Marseille,
année 1855, première partie, page 184.

NANTES, 2 Avril 1864 ; Jur. Nant., 64. 1. 119 — signifie :
Jugement du Tribunal de Commerce de Nantes, rendu
le 2 Avril 1864 et rapporté dans la Jurisprudence
commerciale maritime de Nantes, année 1864, première
partie, page 119.

RENNES, 29 Décembre 1849 ; D. p. 52. 2. 8 — signifie :
Arrêt de la Cour impériale de Rennes, en date du 29
Décembre 1849, rapporté dans la Jurisprudence générale de Dalloz, recueil périodique, année 1852, deuxième
partie, page 8.

ROUEN, 3 Mars 1857; Jur. Ro. 57. 1. 84 — signifie :
Arrêt de la Cour impériale de Rouen, rendu le 3 Mars
1857 et rapporté dans le recueil de Jurisprudence des
Cours impériales de Rouen et de Caen, année 1857, première partie, page 84.

Dans la citation des Auteurs, nous avons indiqué de préférence les numéros d'ordre, et nous avons fait tous nos
efforts pour éviter les inexactitudes.

LÉGISLATION, DOCTRINE ET JURISPRUDENCE

SUR

L'ABORDAGE MARITIME

SOMMAIRE ALPHABÉTIQUE, MÉTHODIQUE ET RAISONNÉ

ou

Tableau synoptique des matières juridiques sur l'Abordage

Abandon (du navire et du fret, 187 à 190.) (distingué du délaissement 190).

Abordage, (acceptions diverses, 11.) (à éviter, 124 à 126.) à prévenir, 33.) (à prouver fautivement, 10—155—156.) (apprécié suivant les législations, 5 à 9— 363 à 420) (à suivre devant les tribunaux compétents, 337 à 362.) (caractérisé, 3—4—7—93 à 100—107.) (corps étrangers, 3—4—305.) (de trois navires, 195.) (défini, 1—3—151.) (délictueux, 101 à 150.) (délibéré pour le salut commun, 103 — 166.) (distingué de l'échouement,3— 4—304—305.) (donne lieu à des indemnités,11—146 à 150—293 à 325.) (douteux, 151 à 160 — 180.) (en pleine mer, 76 à 80— 307 à 313.) (entraînant des responsabilités diverses, 161 à 260.) (entre navires français et étranger,79—80.) (exigeant des protestations légales, 261 à 292.) (fautif, 101 à 150—181— 182.) (fluvial pur,18—343.) (fortuit, 91 à 100.) (incertain dans ses causes, 154) (légalement présumé fortuit,10—155—156.) (mesures préventives , 11.)

— 15 —

DIVISION GÉNÉRALE

§ 1. — *Définition.* — *Législation.* — *Principes (1 à 24)*

1. — *Définition.* — En droit maritime et dans le sens purement juridique de l'article 407 du code de commerce, l'abordage est le choc de navires, l'un contre l'autre ; c'est-à-dire : le heurt de deux ou plusieurs bâtiments marchands. L'abordage est produit ou causé, soit par faute, maladresse, imprudence, négligence ou incurie; soit par la force des vents, des courants ou de l'agitation de la mer ; soit par de fausses manœuvres ou lorsque les navires chassent sur leurs ancres ; soit surtout par l'impossibilité réciproque de s'apercevoir au milieu de l'obscurité de la nuit ou en temps de brumes.

2. — Dès le 17 août 1852, le génie impérial avait décrété les mesures de précaution à prendre en mer, pour éviter les abordages et remédier autant que possible aux collisions maritimes. Ces mesures ont été de rechef l'objet d'amendements. Elles sont formulées en dernier lieu dans le décret du 25 octobre 1862, qui forme aujourd'hui la police de la navigation. Remarquons dès maintenant qu'à cette heure, tous les navires de l'Etat et du Commerce, sans distinction

ni exception, doivent porter depuis le lever du soleil jusqu'à son coucher des feux et signaux. (V. n⁰ˢ 32 à 53.)

3. — Il résulte de la définition n° 1, qu'il ne faut pas confondre aborder à un navire avec aborder un navire. Effectivement, aborder à, c'est aller à l'abordage ou se disposer à faire l'abordage ; tandis qu'aborder un navire, c'est l'abordage comme choc involontaire qu'on désigne. D'autre part, le heurt d'un navire contre un corps quelconque ne constitue pas un abordage dans le sens juridique, mais un pur *échouement*. Cette distinction influe sur la prescription de l'action, en même temps que sur la compétence des tribunaux.

4. — Jugé effectivement : 1° qu'il n'y a pas abordage quand un navire se heurte contre un ouvrage à demeure qui n'est point destiné à la navigation : par exemple, contre un ponton, fût-il établi sur la coque d'un ancien navire (Bordeaux 13 décembre 1860 ; Jur. Mars. 61. 2. 112.) 2° que si l'un des deux navires exposés à se rencontrer, a pu éviter l'abordage, mais en faisant une manœuvre qui l'a jeté sur une estacade où il s'est endommagé, la recevabilité de l'action dirigée contre le navire, pour le faire déclarer responsable de ces dommages, n'est pas subordonnée aux conditions prescrites par les articles 435 et 436 (Douai 13 mai 1859 ; S. V. 60. 2. 9. — P. 60. 1130 — Jur. Mars. 59. 2. 113.) — Caumont, V° Abordage, n⁰ˢ 5 et 6 — Lemonnier, n° 158 — Sibille n° 19. — Pardessus n° 52 ; 3° que le fait de laisser tomber l'ancre d'un navire ou bateau sur un autre navire, bateau ou barque gisant au fond de l'eau, n'est point un abordage. (Anvers 4 avril 1863 ; Jur. Anv. 63. 1. 308)

5. — *Législation française.* — Sont aux risques des assureurs, toutes pertes et dommages qui arrivent aux objets assurés, par tempête, naufrage, échouement, *abordage fortuit*, changements forcés de route, de voyage ou de vaisseau, par jet, feu, prise, pillage, arrêt par ordre de puissance, déclaration de guerre, représailles, et généralement par toutes les autres fortunes de mer. (350 c. com.)

6. — L'assureur n'est point tenu des prévarications et *fautes du capitaine* et de l'équipage, connues sous le nom de *baratterie de patron, s'il n'y a convention contraire.* (353 c. com.)

7, — En cas d'*abordage de navires*, si l'évènement a été *purement fortuit*, le dommage est supporté, sans répétition, par celui des navires qui l'a éprouvé. — Si l'abordage a été fait par la *faute* de l'un des capitaines, le dommage est payé par celui qui l'a causé. — S'il y a *doute* dans les causes de l'abordage, le dommage est réparé à frais communs, et par égale portion, par les navires qui l'ont fait et souffert.— Dans ces deux derniers cas, l'estimation du dommage est faite par experts. (407 c. com.)

8. — Sont non-recevables : Toutes actions contre le capitaine et les assureurs, pour dommage arrivé à la marchandise, si elle a été reçue *sans protestation* ; — Toutes actions contre l'affréteur, pour avaries, si le capitaine a livré les marchandises et reçu son fret sans avoir protesté ; — Toutes actions en indemnité pour dommages causés par l'*abordage* dans un lieu où le capitaine a pu agir, s'il n'a point fait de réclamation. (435 c. com.)

9. — Ces protestations et réclamations sont nulles, si elles ne sont faites et signifiées dans les vingt-quatre heures, et si, dans le mois de leur date, elles ne sont suivies d'une *demande en justice.* (436. c. com.)

10. — *Principes.* — La loi distingue trois espèces d'abordage : 1° celui qui arrive fortuitement, (V. Abordage fortuit, nos 91 à 100) ; 2° celui qui arrive par *faute* (V. Abordage fautif, nos 101 à 150) ; 3° celui dont la cause est douteuse, (V. Abordage douteux, nos 151 à 160) Conférez : (407 c. com. —Ord. 1861. 1. 3. tit. 7, art. 10 et 11-216. 221. 350. 353. 435. 436. c. com.—1149.1382. c. nap. — 302 suiv. c. pr.)—Tout abordage est présumé fortuit jusqu'à preuve contraire. Or, nul ne répondant de la force majeure, cet abordage ne saurait

engendrer aucun principe d'action : *res perit domino* (Bédarride n° 1758) Celui-là doit prouver, qui, écartant tout cas fortuit ou de force majeure, attribue la faute de l'évènement à un *tiers* (1315 c. nap.). Or, chacun étant responsable de sa faute, l'abordage fautif engendre une action en responsabilité (1381 c. nap. — Bédarride n°ˢ 1758-1759 — Alauzet n° 1588 — Valin sur l'art. 11 tit. 7 liv. 3 — La faute commune est présumée lorsque, hors le cas fortuit, la preuve d'un fait personnel n'est pas rapportée. (Sibille n° 26.)

11. — Le mot abordage, répété trois fois dans l'art. 407, a des significations complètement distinctes. — § 1. *Au cas d'abordage fortuit*, les dommages ou avaries se circonscrivent au navire, en excluant les pertes souffertes par la cargaison. Ce sont les navires qui supportent réellement et exclusivement les pertes. — § 2. *Au cas d'abordage fautif*, ce ne sont plus les choses seules qui sont frappées de la responsabilité, mais les personnes en faute ; et le dommage qui atteint les fauteurs comprend collectivement les pertes ou détériorations, souffertes tant par le corps que par la cargaison. (Aix 2 févr. 1859 ; Jur. Mars. 59. 1. 145.) Ce dommage comprend en outre les dépenses occasionnées par l'abordage et les gains dont est privé le navire abordé. Ainsi les éléments du dommage, en cas d'abordage fautif, sont presque toujours multiples et doivent comprendre directement ou indirectement — outre la perte totale ou partielle du navire ou de la cargaison (V. n°ˢ 152. 172-183) — les frais de sauvetage (Aix 31 déc. 1856 ; Jur. Mars. 59. 1. 215), de remorquage, d'entrée et de sortie au port de relâche, les droits de navigation ou de douane, les frais de renflouement du navire, ceux du déchargement de la marchandise, de transport, d'entretien et de magasinage ; les frais de séjour dans un port, l'achat de nouvelles victuailles, la nourriture et les gages de l'équipage, le dépérissement du navire à la suite des réparations qui ne lui rendent jamais sa valeur primitive (Bordeaux 16 juillet 1856 ; Jur. Mars. 56. 2. 164.) ; la dépréciation des marchandises par le retard qu'elles éprouveraient à être transportées dans le lieu de leur destination, le fret ou la portion du fret

3

que le navire aurait acquis, l'indemnité pour le chômage du navire (Marseille 1er août 1838 ; 23 mai 1856 ; 11 nov. 1859 ; Jur. Mars. 59. 1. 332) ; les frais d'interprète si le navire est étranger, les frais de justice ; en un mot toutes les dépenses faites à l'occasion du sinistre, par exemple : les pertes ou accidents qui seraient survenus au navire par le forcement de voiles pour gagner le port ; les frais de déplacement pour se rendre d'une rade à une autre, afin d'y faire des réparations (Arrêt de la Cour de St-Denis, du 27 oct. 1849) ; le retard apporté à l'expédition, la perte du gain sur l'opération entreprise (Nantes 18 avril 1849) ; les dommages postérieurs à l'abordage, par exemple : l'échouement forcé (Aix 2 févr. 1859 ; Jur. mars. 59. 1. 145) ; le chômage pendant le temps des réparations nécessitées par l'abordage (Rouen 20 mai 1859 ; Jur. Hav. 59. 2. 290 — Rouen 12 Janv. 1864 ; Jur. Nant. 64. 2. 37 — Havre 23 mai 1856 ; 11 novembre 1859 ; Jur. Mars. 59. 1. 332 — Nantes 2 avril 1864 ; Jur. Nant. 64. 1. 110) — § 3 *Au cas d'abordage douteux* le dommage s'arrête à la perte matérielle du navire ou aux dépenses faites dans le seul intérêt du navire, pour sa rentrée au port d'armement ou la continuation de son voyage au port de destination. On ne saurait parler, en cas d'abordage douteux, de la perte des marchandises ou des dépenses faites pour leur conservation : ces pertes et dépenses regardent exclusivement les propriétaires chargeurs, sans qu'ils puissent recourir contre le capitaine ou le navire. (V. n° 14.)

12. — En matière d'abordage *fautif*, lorsqu'il est reconnu que les deux capitaines sont en faute dans une mesure égale d'imputabilité, ces derniers doivent supporter le dommage causé au chargement dans la même proportion que celui survenu aux navires. On fait masse de toutes les avaries éprouvées, y compris le dédommagement pour chômage pendant les réparations, et les frais du procès : le tout est supporté par égales portions par les capitaines avec privilége sur les navires (Havre 28 juillet 1846.) Lorsque la faute réciproque ne doit pas être imputée dans la même mesure, on arbitre le dommage proportionnellement au degré de la

faute commise individuellement (Rouen 12 janvier 1864 ;
Jur. Nant. 64. 2. 37) ; mais toujours avec condamnation solidaire contre les deux capitaines en faute et les propriétaires des navires (1200. 1202. 1382 à 1384 c. nap.) et par
privilége sur les navires (191 § 11 c. com.) ; sauf aux propriétaires à utiliser le droit d'abandon, s'il y échet. (216 c. com.)

13. — L'appréciation souveraine de la responsabilité individuelle ou collective est dévolue au pouvoir discrétion-
naire des tribunaux (Bedarride nos 1759 et 1760). Les magistrats prennent toujours en considération les présomptions
établies par la loi et par les usages maritimes (Marseille 14
janvier 1830. — Cassation 7 juillet 1835 ; S. V. 35. 1. 840. —
Cassation 14 janvier 1851 ; D. p. 52. 1. 19.) Effectivement
les éléments de décision sont avant tout dans les règles
nautiques et les usages généraux de la navigation qui dominent toujours le rapport de mer et le livre de bord ainsi
que les enquêtes (Aix 12 mai 1857; S. V. 57. 2. 721 — P. 58.
152 — Jur. Hav. 57. 2. 165.) L'exécution littérale des réglements de navigation (V. décret du 25 octobre 1862; D. p. 63.
4. 7.— Jur. Nant. 62. 2. 158 — et nos 32 à 53 infra) ne suffit
pas pour couvrir entièrement la responsabilité du capitaine
qui s'y conforme. Il faut, évidemment, que les réglements soient
toujours observés d'une manière intelligente et opportune.
(Rouen 12 janvier 1864, Jur. Nant. 64. 2. 37. — Conférez
art. 298. 299 du Merchant Shipping Act. 1854. — V. infra
no 384.)

14—15. — Lorsqu'une police d'assurance stipule formellement qu'en outre des risques généraux et ordinaires énumérés en l'art. 350 c. com., les assureurs prennent expressément à leurs risques les prévarications et fautes du capitaine
et de l'équipage connues sous le nom de baratterie de
patron (353 code de commerce) si un abordage en mer
arrive par la faute du capitaine du navire assuré, les
assureurs dudit navire sont tenus de relever et garantir
l'armateur des condamnations prononcées contre le navire
assuré, au profit du capitaine et des propriétaires du navire

abordé. Effectivement, l'abordage est un évènement et une
fortune de mer qui rentre nécessairement dans les stipulations
précitées. Bien que l'abordage laisse entier et intact matériellement le navire abordant, il n'a pas moins causé à l'armateur de ce navire un dommage se rattachant à la navigation dudit navire, en créant pour son propriétaire
l'obligation de payer la perte du navire abordé et sa cargaison : obligation qui a forcément grevé et nécessairement
amoindri la valeur du navire assuré dans les mains de son
propriétaire.

16. — Décidé souverainement que les assureurs sur
corps qui ont pris à leur charge la *baratterie de patron*,
sont tenus de rembourser à l'assuré les dommages-intérêts
qu'il a dû payer à l'armateur et aux chargeurs d'un autre
navire *abordé* par le sien à la suite d'une faute de son capitaine (Cassation Belgique 4 déc. 1862; Jur. Anv. 63. 1.
167. — Cassation des Pays-Bas 17 avril 1862, id. eod. — Cassation de France, 23 déc. 1857; P. 58. 559.— S. V. 58. 1 153.
—Jur.Mars. 58. 2. 25.—Cassation 12 février et 4 mars 1861 ;
P. 61. 324 et 647. — S. V. 61. 1. 239 et 426. — Caumont,
Dictionnaire Droit marit. v° Assurance n°s 191 et 192.—Alauzet n° 1515. — 350. 353. c. com. — Aix 23 juin 1859 ; Jur.
Mars. 59. 1. 291 — Rouen 23 déc. 1853 ; Jur. Mars. 58. 2.
8. — Aix 19 avril 1837; Jur. Mars. 37. 1. 19.)

17. — Pour compléter les principes généraux, signalons
dès à présent : 1° que l'*action* en dommages-intérêts pour
abordage d'un navire par un autre navire est frappée de
déchéance lorsque le capitaine du navire abordé n'a pas no-
tifié ses protestations, dans les 24 heures, au capitaine du
navire abordeur, au mépris de la disposition de l'art. 436 ;
alors que la *présence* de ce dernier, pendant plus de 24 heures
après l'évènement dans le port près duquel l'abordage avait
eu lieu, rendait facile l'accomplissement de cette formalité,
et que l'abordé ne justifie d'ailleurs d'aucun *empêchement
légal*, d'aucune impossibilité d'agir dans ce délai ; 2° que
le départ du capitaine du navire abordeur, avant l'expiration

des 24 heures, ne serait pas même une excuse pour le défaut de notification en temps opportun ; car, dans ce cas, la notification peut être valablement faite à la mairie du lieu de l'abordage ou du lieu le plus voisin. Elle peut aussi être faite entre les mains du consul français de résidence dans le port ; si c'est à l'étranger ; 3° qu'il ne suffit pas que le procès-verbal du sinistre ait été dressé le jour même où il est arrivé, ni que l'assignation ait été donnée dans le mois, conformément à l'article précité : ce procès-verbal et cette assignation faite en temps utile ne peuvent tenir lieu de la signification des protestations dans les 24 heures ; 4° qu'aux termes de l'article 436 trois choses sont prescrites à peine de déchéance de l'action en dommages et intérêts qui naît de l'abordage, à savoir : la protestation dans les 24 heures du sinistre, la notification des protestations dans le même délai, et la demande en justice dans le mois qui les suit ; 5° que faire la première et la troisième de ces choses, ce n'est pas remplir le vœu de la loi, si la seconde fait défaut ; 6° que la célérité qu'exige la loi en pareille circonstance est commandée par l'intérêt du commerce : il importe, en effet, que les propriétaires du navire abordeur sachent promptement que leur chose est frappée de responsabilité, afin qu'ils ne fassent pas d'entreprise sur la foi d'un capital qui peut leur échapper et qu'ils ne soient pas indéfiniment paralysés dans des spéculations nouvelles. (Cassation, 28 décembre 1859 ; Jur. Aix. 60. 30).

18. — Avant de passer outre, comme ce travail traite uniquement de l'abordage maritime, il n'est pas inutile de rappeler que l'abordage peut parfaitement être purement et exclusivement fluvial. Il en est ainsi, à coup sûr, d'un abordage qui procède du choc entre deux bâtiments naviguant intérieurement sur les lacs, étangs et canaux où les eaux ne sont pas salées, et sur les fleuves et rivières affluant directement à la mer, mais seulement jusqu'aux limites où commence l'inscription maritime. (Ord. 16 juil. — 16 sept. 1835. Déc. 19 mars 1852 ; V. n° 343).

19. — Si d'une part le droit commun (1382 c. nap.)

gouverne les actions d'avaries en matière de navigation intérieure pour l'instruction, la suite et le jugement des affaires ; et d'autre part les art. 407. 435 et 436 c. com., ne sont point légalement obligatoires, nous ne craignons pas d'affirmer que, dans la pratique, on agira sagement en se conformant aux règles des abordages maritimes ; d'autant plus que très-souvent des navires ont une navigation mixte, c'est-à-dire tout à la fois fluviale et maritime. N'y a-t-il pas d'ailleurs identité de motifs pour agir avec célérité ?

20. — Bien certainement si jamais les principes sont révisés, on ne distinguera plus, surtout maintenant que les bateaux à vapeur sillonnent, avec la rapidité de l'éclair, nos fleuves et nos rivières, les bâtiments fluviaux des bâtiments de mer. Alors les législateurs reconnaîtront l'antique sagesse des anciens jurisconsultes qui avaient raison de dire d'une part : *sub vocabulo navis omnia navigationum genera comprehenduntur ;* et d'autre part : *nave accipere debemus sive marinam sive fluviatilem sive in aliquo stagno naviget.* (Conférez : Rennes 24 mars 1812 ; Pardessus 4. 334 — ord. 1681 — 419 c. pr. civ. et surtout le code prussien art. 1393) où toutes les dispositions des lois relatives à l'abordage maritime sont applicables, même aux bâtiments qui naviguent en rivière. *Contra* : Code hollandais art. 538. 540. 748. 749 756.

21. — Ce qui prouve inéluctablement qu'il doit en être ainsi, c'est qu'en ce qui touche la responsabilité des propriétaires, l'assimilation des bateaux de rivière et des bateaux de mer est commandée par la force des choses. En effet, un propriétaire d'un bateau à vapeur naviguant non maritimement, quoique forcé d'avoir un capitaine à bord dont le choix est dès lors circonscrit et limité, ne peut se libérer par l'abandon de sa chose (216 c. com.) pour se soustraire aux délits ou quasi-délits (1384 § 4 c. nap.) du capitaine que la loi lui impose (Dijon 27 novembre 1848 ; *Gazette des Tribunaux* 25 janvier 1849.) tandis que le propriétaire d'un petit bateau maritime pourra user du droit

d'abandon. Il y a dans cette occurence quelque chose de contraire à l'interêt du commerce fluvial dontⱼ l'existence doit être entourée de la même protection que le commerce de mer. Quoiqu'il en soit, disons jusqu'à l'assimilation des navires fluviaux aux navires maritimes, que les premiers n'engageront point la responsabilité du propriétaire s'ils sont frétés à un tiers qui y aura préposé ses propres commettants. Il ne s'agit que d'un louage ordinaire nullement assimilable au louage maritime, où l'armateur affréteur, comme le propriétaire, a le droit d'abandon conféré par l'art. 216 c. com., sauf recours contre l'affréteur.

22. — Les articles 435 et 436 contiennent des dispositions exorbitantes du droit commun qui, loin d'être étendues, doivent au contraire être restreintes aux cas spécialement prévus. Il résulte soit du livre dans lequel ils sont placés et qui a pour titre : *du Commerce Maritime*, soit des cas indiqués dans les mêmes articles, que leurs dispositions ne régissent que le commerce maritime et ne sont point applicables aux évènements survenus dans le cas de transport sur les fleuves et rivières. Ces cas sont régis par les articles 98, 99, 107 et 108 du code de commerce.

23. — Si des raisons d'analogies peuvent, en certains cas, autoriser d'une matière à une autre l'extension des dispositions légales lorsqu'elles se fondent sur un principe de droit et d'équité, il ne saurait en être ainsi de fins de non-recevoir qui ne se justifient que par les exigences spéciales de la navigation maritime : sans qu'il soit possible de les étendre à la navigation *purement* et *exclusivement* fluviale en dehors des limites de l'inscription maritime. (V. n° 343.)

24. — Décidé effectivement que les fins de non-recevoir édictées par les art. 435 et 436 ne sont pas applicables au cas d'abordage sur un canal de navigation ou sur un fleuve, bien entendu en dehors des limites de l'inscription maritime. (Amiens 4 mai 1858 ; S. V. 58. 2. 633 — Jur. Mars. 58. 2. 142. — Nîmes 21 février 1849 ; Jur. Mars. 49. 2. 30. —

Rouen 24 janvier 1860 ; Jur. Nant. 62, 2. 56. — Sibille page
7 à 9. — V. n° 343.

§ 2. — *Feux.* — *Signaux.* — *Route.* (*25 à 70*)

25. — Le règlement qui détermine les feux que les bâtiments de guerre et les navires du commerce à voiles et à
vapeur sont tenus de porter pendant la nuit a été adopté par
la plupart des nations maritimes. Il a été appliqué, en dernier lieu, dans la marine française, en vertu du décret du 28
mai 1858.

26. — Depuis cette époque, cependant, les nombreux
abordages qui ont eu lieu et que le développement de la
navigation à vapeur semble avoir augmentés dans une grande
proportion, ont démontré l'insuffisance des prescriptions
établies. En effet, si dans bien des cas, des abordages ont
pu être attribués à l'absence à bord des feux règlementaires, il a été constaté que, le plus souvent, ces sortes d'accidents se sont produits par suite de la diversité des règles
observées par les différentes nations, en ce qui concerne la
route à suivre pour éviter la rencontre de deux navires courant l'un sur l'autre ou faisant des routes qui se croisent.

27. — La nécessité de réviser les règles adoptées à cet
égard par la marine française a été signalée à plusieurs
reprises, et notamment par une commission nommée en
1858 parmi les commandants des bâtiments de l'escadre
d'évolutions et qui prépara un projet de règlement. Mais le
conseil d'amirauté, qui en fut saisi, déclara avec raison que,
pour être efficace, une règle destinée à prévenir les abordages
devait être en quelque sorte adoptée par toutes les nations,
et émit l'avis qu'avant de rien changer à nos usages il
était indispensable de s'entendre avec les principales puissances maritimes.

28. — Le département des affaires étrangères fut donc
saisi d'une proposition qui avait pour objet de soumettre

à l'examen du gouvernement britannique un projet rédigé
par le Conseil d'Amirauté, d'après les données de la commission de l'escadre, et, soit de provoquer, de concert, la
réunion d'une conférence internationale en vue de l'adoption
d'une règle uniforme, soit de demander l'adhésion des différentes puissances à ce qui aurait été fait.

29. — Le projet du conseil, sauf quelques modifications
que nous avons acceptées, a été adopté par le gouvernement
de Sa Majesté Britannique et sanctionné, dans la dernière
session, par un acte du parlement.

30. — En présence de l'adoption définitive par les admi-
nistrations de la France et de l'Angleterre des règles à
observer dans la navigation, on a pensé qu'au lieu de réunir
une commission spéciale où tous les Etats intéressés auraient dû se faire représenter par des délégués chargés d'éla-
borer contradictoirement les règles à consacrer, il était préférable et plus simple de faire remettre à ces Etats, simultanément et par l'intermédiaire des agents diplomatiques de
France et d'Angleterre accrédités auprès d'eux, une note
identique pour leur faire connaître le texte du nouveau règlement, en leur demandant d'y adhérer.

31. — Le nouveau règlement est observé par les navires
de guerre et du commerce à partir du 1er juin 1863, époque
à laquelle il a été mis en vigueur dans la marine britannique.
Le décret ci-après a pour objet de sanctionner les nouvelles
règles dont l'observation, il faut l'espérer, devra diminuer
les chances des accidents de mer.

32. — L'Empereur — en visant la loi des 9-13 août 1791 ;
l'art. 225 c. comm. ; le décret du 28 mai 1858 ; le Conseil
d'Amirauté entendu ; sur le rapport du ministre de la marine
et des colonies — a, le 25 octobre 1862, décrété ce qui suit :

33. — A dater du 1er Juin 1863, les bâtiments de la marine impériale, ainsi que les navires du commerce, seront
assujettis aux prescriptions ci-après, qui ont pour objet de

prévenir les abordages. Dans les règles qui suivent, tout navire à vapeur qui ne marche qu'à l'aide de ses voiles, est considéré comme navire à voiles ; et tout navire dont la machine
est en action, quelle que soit sa voilure, est considéré comme
navire à vapeur. (Art. 1er.)

34. — *Règles relatives aux feux et aux signaux pendant la
nuit.* — Les feux mentionnés aux articles suivants doivent
être portés, à l'exclusion de tous autres, par tous les temps,
entre le coucher et le lever du soleil. (Art. 2.)

35. — Les navires à vapeur, lorsqu'ils sont en marche,
portent les feux ci-après : (*a*) *En tête du mât de misaine*,
un feu blanc placé de manière à fournir un rayonnement
uniforme et non interrompu dans tous le parcours d'un
arc horizontal de 20 quarts du compas, qui se compte
depuis l'avant jusqu'à deux quarts en arrière du travers de
chaque bord, et d'une portée telle qu'il puisse être visible à
5 milles au moins de distance, par une nuit sombre, mais
sans brume. (*b*) A *tribord*, un feu vert établi de façon à projeter une lumière uniforme et non interrompue sur un arc
horizontal de 10 quarts du compas, qui est compris entre
l'avant du navire, et 2 quarts sur l'arrière du travers à tribord,
et d'une portée telle qu'il puisse être visible à 2 milles au
moins de distance, par une nuit sombre, mais sans brume.
(*c*) A *babord*, un feu rouge construit de façon à projeter une
lumière uniforme et non interrompue sur un arc horizontal
de 10 quarts du compas, qui est compris entre l'avant du
navire, et deux quarts sur l'arrière du travers à babord, et
d'une portée telle qu'il puisse être visible à 2 milles au
moins de distance, par une nuit sombre, mais sans brume.
(*d*). Ces feux de côté sont pourvus, en dedans du bord,
d'écrans dirigés de l'arrière à l'avant, et s'étendant à 0m, 90
en avant de la lumière, afin que le feu vert ne puisse pas
être aperçu de babord avant, et le feu rouge de tribord
avant. (Art. 3.)

36. — Les navires à vapeur, quand ils remorquent, doivent,
indépendamment de leurs feux de côté, porter deux feux

blancs verticaux en tête de mât, qui servent à les distinguer des autres navires à vapeur. Ces feux sont semblables au feu unique de tête de mât que portent les navires à vapeur ordinaires. (Art. 4.)

37. — Les bâtiments à voiles, lorsqu'ils font route à la voile ou en remorque, portent les mêmes feux que les bâtiments à vapeur en marche, à l'exception du feu blanc du mât de misaine, dont ils ne doivent jamais faire usage. (Art. 5.)

38. — Lorsque les bâtiments à voile sont d'assez faible dimension pour que leurs feux verts et rouges ne puissent pas être fixés d'une manière permanente, ces feux sont néanmoins tenus allumés sur le pont à leurs bords respectifs, prêts à être montrés instantanément à tout navire dont on constaterait l'approche, et assez à temps pour prévenir l'abordage. Ces fanaux portatifs, pendant cette exhibition, sont tenus autant en vue que possible, et présentés de telle sorte que le feu vert ne puisse être aperçu de bâbord avant, et le feu rouge de tribord avant. Pour rendre ces prescriptions d'une application plus certaine et plus facile, les fanaux sont peints extérieurement de la couleur du feu qu'ils contiennent, et doivent être pourvus d'écrans convenables. (Art. 6.)

39. — Les bâtiments tant à voiles qu'à vapeur, mouillés sur une rade, dans un chenal ou sur une ligne fréquentée, portent, depuis le coucher jusqu'au lever du soleil, un feu blanc placé à une hauteur qui n'excède pas 6 mètres au-dessus du plat-bord et projetant une lumière uniforme et non interrompue tout autour de l'horizon à la distance d'au-moins 1 mille. (Art. 7.)

40. — Les bateaux pilotes à voiles ne sont pas assujettis à porter les mêmes feux que ceux exigés pour les autres navires à voiles ; mais ils doivent avoir en tête de mât un feu blanc visible de tous les points de l'horizon, et de plus montrer un feu de quart d'heure en quart d'heure. (Art. 8.)

41. — Les bateaux de pêche non pontés et tous les autres
batéaux également non pontés ne sont pas tenus de porter
les feux de côté exigés pour les autres navires; mais ils
doivent, s'ils ne sont pas pourvus de semblables feux, se
servir d'un fanal muni sur l'un de ses côtés d'une glissoire
verte, et sur l'autre d'une glissoire rouge; de façon qu'à
l'approche d'un navire ils puissent montrer ce fanal en temps
opportun pour prévenir l'abordage, en ayant soin que le feu
vert ne puisse être aperçu de babord, et le feu rouge de tribord. Les navires de pêche et les bateaux non pontés qui
sont à l'ancre, ou qui ayant leurs filets dehors sont station-
naires, doivent montrer un feu blanc. Ces mêmes navires et
bateaux peuvent, en outre, faire usage d'un feu visible à de
courts intervalles, s'ils le jugent convenable. (Art. 9.)

42. — *Signaux en temps de brume.* — En temps de brume,
de jour comme de nuit, les navires font entendre les signaux
suivants toutes les cinq minutes au moins, savoir : (*a*) Les
navires à vapeur en marche, le son du sifflet à vapeur qui est
placé en avant de la cheminée, à une hauteur de 2^m, 40
au-dessus du pont des gaillards. (*b*) Les bâtiments à voiles,
lorsqu'ils sont en marche, font usage d'un cornet. (*c*) Les
bâtiments à vapeur et à voiles, lorsqu'ils ne sont pas en
marche, font usage d'une cloche. (Art. 10.)

43. — *Règles relatives à la route.* — Si deux navires à
voiles se rencontrent courant l'un sur l'autre, directement ou
à peu près, et qu'il y ait risque d'abordage, tous deux viennent sur tribord, pour passer à babord l'un de l'autre.
(Art. 11.)

44. — Lorsque deux navires à voiles font des routes qui
se croisent et les exposent à un abordage, s'ils ont des amures
différentes, le navire qui a les amures à babord manœuvre
de manière à ne pas gêner la route de celui qui a le vent de
tribord; toutefois, dans le cas où le bâtiment qui a les
amures à babord est au plus près, tandis que l'autre a du
largue, celui-ci doit manœuvrer de manière à ne pas gêner

le bâtiment qui est au plus près. Mais si l'un des deux est vent arrière ou s'ils ont le vent du même bord, le navire qui est vent arrière, ou qui aperçoit l'autre sous le vent, manœuvre pour ne pas gêner la route de ce dernier navire. (Art. 12.)

45. — Si deux navires sous vapeur se rencontrent courant l'un sur l'autre, directement ou à peu près, et qu'il y ait risque d'abordage, tous deux viennent sur tribord pour passer à babord l'un de l'autre. (Art. 13.)

46. — Si deux navires sous vapeur font des routes qui se croisent et les exposent à s'aborder, celui qui voit l'autre par tribord manœuvre de manière à ne pas gêner la route de ce navire. (Art. 14.)

47. — Si deux navires, l'un à voiles, l'autre sous vapeur, font des routes qui les exposent à s'aborder, le navire sous vapeur manœuvre de manière à ne pas gêner la route du navire à voiles. (Art. 15.)

48. — Tout navire sous vapeur qui, approche un autre navire de manière qu'il y ait risque d'abordage, doit diminuer sa vitesse ou stopper et marcher en arrière, s'il est nécessaire. Tout navire sous vapeur doit, en temps de brume, avoir une vitesse modérée. (Art. 16.)

49. — Tout navire qui en dépasse un autre gouverne de manière à ne pas gêner la route de ce navire. (Art. 17.)

50. — Lorsque, par suite des règles qui précèdent, l'un des deux bâtiments doit manœuvrer de manière à ne pas gêner l'autre, celui-ci doit néanmoins subordonner sa manœuvre aux règles énoncées à l'article suivant. (Art. 18.)

51. — En se conformant aux règles qui précèdent, les navires doivent tenir compte de tous les dangers de la navigation. Ils auront égard aux circonstances particulières qui peuvent rendre nécessaire une dérogation à ces règles, afin de parer à un péril immédiat. (Art. 19).

52. — Rien dans les règles ci-dessus ne saurait affranchir un navire, quel qu'il soit, ses armateurs, son capitaine ou son équipage, des conséquences d'une omission de porter des feux ou signaux, d'un défaut de surveillance convenable, ou, enfin, d'une négligence quelconque des précautions commandées par la pratique ordinaire de la navigation ou par les circonstances particulières de la navigation. (Art. 20.)

53. — Le présent décret abroge, à partir du 1er juin 1863, le décret du 28 mai 1858, concernant l'éclairage de nuit des bâtiments à voiles et à vapeur et les signaux de brume. (Art. 21.)

54. — Voici le réglement ayant pour but de préciser l'usage des feux. Le *Bulletin officiel de la marine*, à la page 197, renferme dans son texte les figures explicatives des positions, qui sont au nombre de six, et que nous avons extraites de l'*Almanach du Commerce du Havre*, de M. Alph. LEMALE, année 1864, p. 60. — Dans ces figures : *o* indique le feu masqué par le volet — *r* indique le feu rouge — *v* indique le feu vert.

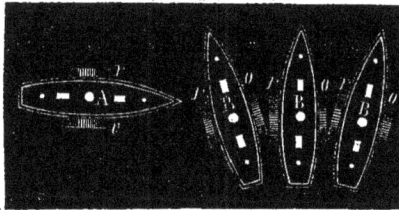

Fig. 1re posit.

55. — *Première position.* — « Le vapeur A ne voit que le
» feu rouge du vapeur B, quelle que soit celle des trois direc-
» tions du plan que B suive, attendu que le feu vert de ce der-
» nier reste toujours masqué. A est donc bien sûr que B
» lui présente le côté de babord, et qu'il gouverne de ma-
» nière à lui couper la route de tribord à babord ; A peut
» donc, en toute confiance, s'il fait assez noir pour qu'il
» redoute un abordage, venir sur tribord, il ne court aucun
» risque de rencontrer B. D'un autre côté, B, dans ses trois

» positions, voit le feu rouge, le feu vert et le feu de tête de
» A ; il les voit sous forme de triangle et sait par là que A
» court droit sur lui ; B manœuvre en conséquence. Il est
» à peine nécessaire de faire remarquer que les feux de
» tête du mât seront visibles de part et d'autre jusqu'à
» ce que le travers de chacun des vapeurs ait été dépassé
» des deux quarts sur l'arrière du travers. »

Fig. 2me posit.

56. — *Deuxième position.* — « A ne voit que le feu vert
» de B, ce qui lui indique clairement que B lui coupe la route
» de babord à tribord. B voit au contraire les trois feux de A
» et en conclut qu'un vapeur court droit sur lui. »

Fig. 3me posit.

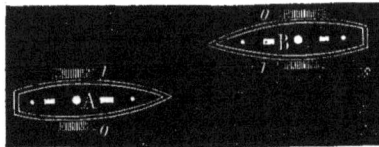

57. — *Troisième position.* — « A et B voient respective-
» ment leurs feux rouges. Les feux verts sont masqués par
» les écrans. Il est évident que les deux navires passeront à
» babord l'un de l'autre. »

Fig. 4me posit.

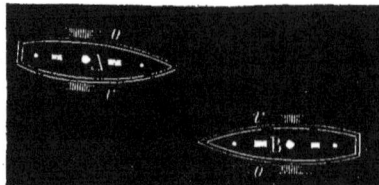

58. — *Quatrième position.* — « A et B voient respective-

» ment leurs feux verts. Les feux rouges sont masqués par
» les écrans. Les deux navires passeront à tribord l'un de
» l'autre. »

Fig. 5me posit.

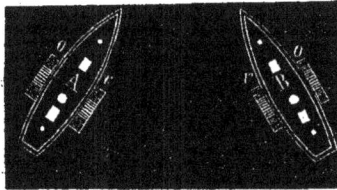

59. — *Cinquième position.* — « Les deux vapeurs A et B,
» apercevant l'un et l'autre leurs feux colorés, sauront qu'ils
» marchent directement l'un sur l'autre. Dans cette circons-
» tance, ils porteront tous deux la barre à babord. L'instruc-
» tion jointe à l'arrêté du 14 octobre 1848 présentait une
» sixième position que nous croyons utile de reproduire,
» quoique l'instruction de 1852 ne la contienne pas. »

Fig. 6me posit.

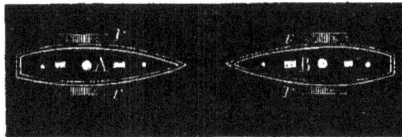

60. — *Sixième position.* — « Ce cas demande de l'atten-
» tion. Le feu rouge, qui est aperçu par A, et le feu vert par
» B, annoncent aux vapeurs qu'ils s'approchent obliquement
» l'un de l'autre. A viendra sur tribord, conformément à
» la règle posée pour le cas précédent.

» Nota. — La manœuvre indiquée par le tacticien anglais,
» quoique assez généralement suivie ou au moins générale-
» ment recommandée, pourrait, dans certains cas, être fort
» dangereuse. Elle a pour but constant de faire passer le
» navire B devant A, qui seul doit manœuvrer pour éviter
» l'abordage. Le seul moyen d'obvier au danger qui pour-
» rait résulter de cette manœuvre, sera de prescrire que A,
» en venant sur tribord, doit stopper et ne mettre en route
» que lorsque B l'aura dépassé de l'avant. Si le navire A ne

» se conformait à cette dernière prescription, il serait res-
» ponsable des avaries résultant d'un abordage. »

61. — La manière d'établir les feux de couleur doit être
l'objet d'une attention particulière. Ces feux doivent être
pourvus d'un écran en dedans du bord, de manière à empêcher qu'on puisse les apercevoir autrement que droit devant.
Ceci est très important ; car sans les écrans ou une installation particulière des fanaux en tenant lieu, aucune combinaison des feux de côté ne saurait donner une indication
précise de la route suivie par le navire. L'évidence de ce fait
résulte de l'inspection des figures qui précèdent. Dans tous
les cas, on voit clairement que, dans quelque position où
deux navires puissent se trouver pendant la nuit, les feux
colorés leur indiquent réciproquement et instantanément
leur route, c'est-à-dire que chacun d'eux sait si l'autre
marche sur lui directement ou lui passe par le travers, à
tribord ou à babord. Cette indication est tout ce que l'on
peut demander pour mettre les navires en état de naviguer
par la nuit la plus sombre, avec presque autant de sécurité
qu'en plein jour ; indication faute de laquelle ont eu lieu
tant de déplorables accidents. (Instruction pour disposer les
feux. — Bull. off. de la Mar. 1852, p. 199.)

62. — Les dispositions relatives aux feux ne sont pas
applicables aux bateaux pêcheurs de hareng. (Dép. min. 17
mai 1853.) Les capitaines qui négligent les devoirs de l'é-
clairage encourent la privation de leur brevet. (Circ. Min.
30 oct. 1817.) Les navires à vapeur ou à voiles du commerce
peuvent prendre un modèle des fanaux à bord des bâtiments de guerre ou dans les arsenaux de la marine. Les
experts préposés à la visite des navires doivent mentionner
dans leurs certificats si les bâtiments visités sont pourvus
de fanaux établis de manière à remplir les obligations imposées par les règlements ; et l'autorité maritime ne doit procéder à l'expédition du rôle d'équipage, qu'autant que les
certificats dont il s'agit contiennent, à cet égard, une déclaration affirmative. (Circ. Min. 28 Janvier 1853.)

63. — Du principe que personne ne doit gêner l'usage
public et libre des eaux, sans pouvoir nuire aux navigateurs, il suit que les capitaines de toutes les nations doivent
considérer comme règles d'ordre public en pleine mer, l'obligation naturelle de signaler convenablement — au moyen de
feux suffisants, peu importe le nombre, la couleur ou la
forme — la présence et la marche de leur navire naviguant la
nuit, quand même ce navire appartiendrait à un pavillon
pour lequel aucun règlement national n'aurait rendu obligatoire le port des feux ou signaux. (Aix 23 déc. 1857 ; Jur.
Mars. 57. 1. 338.)

64. — Le capitaine qui n'a pas à son bord les feux réglementaires est en faute. Toutefois, au point de vue des intérêts privés, cette faute ne doit être appréciée que par les
conséquences qu'elle a eues. Par exemple, s'il est établi que
le temps était clair, que le navire abordé a vu distinctement
le navire abordant, bien que celui-ci n'eut pas de feux, et
que c'est par suite d'une fausse manœuvre du premier que
l'abordage a eu lieu, le défaut de feux n'entraîne, pour le
capitaine du navire abordant, aucune responsabilité. (Marseille 25 février 1859 ; Jur. Mars. 59. 1. 133).

65. — Jugé également : 1° que le navire abordé qui n'a-
vait point de feux à bord est sans action contre l'autre
navire, à moins que ce dernier n'ait lui-même commis une
faute (Havre 10 juin 1856 ; Jur. Hav. 57. 1. 182) ; 2° que
le navire abordé pendant la nuit et non porteur de ses feux
réglementaires est seul passible des conséquences de l'abordage. (Havre 2 fév. 1857 ; Jur. Hav. 57. 1. 299.)

66. — Décidé pareillement : 1° qu'en cas d'abordage
entre deux navires, dont l'un seulement était pourvu des
feux réglementaires, il y a *présomption de faute* contre le
capitaine dont les feux n'étaient pas allumés, surtout si son
navire se trouvait dans un lieu où les réglements du port
lui interdisent de mouiller. (Nantes, 15 Avril 1863 ; Jur.
Nant. 63. 1. 115) ; 2° que le capitaine qui n'a pas fait établir à

son bord les feux réglementaires, devient, par cela seul, responsable de l'abordage qui a eu lieu avec un navire pourvu
des feux exigés. Peu importe que ce capitaine ait eu un seul
feu à bord de son navire, et que son pilote lui ait déclaré
que l'usage de la rivière de Nantes était de ne mettre
qu'un seul feu. Cet usage, alors même qu'il existerait, n'é-
tant pas approuvé par l'autorité compétente, ne peut prévaloir contre le réglement. (Nantes 13 oct. 1860 ; Jur. Nant.
60. 1. 336.)

67. — *Code Commercial de Signaux à l'usage des Bâtiments
de toutes nations.* — « La pensée d'une langue maritime universelle offrant à toutes les nations un moyen uniforme de
communiquer sur mer a été depuis longtemps, en Angleterre
comme en France, l'objet de laborieuses recherches. La
réalisation de cette pensée sera un nouveau signe de civilisation de notre époque. En approuvant la convention con-
clue avec la Grande-Bretagne pour l'établissement de feux
règlementaires à bord des bâtiments des deux marines,
l'Empereur a pu, par son décret du 25 octobre 1862, prévenir
bien des sinistres. Les règles prescrites par cette convention —
observées maintenant par la plupart des nations maritimes —
ont, en diminuant les chances de funestes abordages, épar-
gné bien des pertes au commerce et bien des regrets à
l'humanité. Le règlement qui a pour but d'établir des signaux
compris de toutes les marines a reçu l'approbation de l'Amirauté anglaise, du *Board of Trade* et du département de la
marine française. Dans quelque temps, sans doute, tous les
navires, à quelque nation qu'ils appartiennent, quelle que
soit la langue que parlent leurs équipages, pourront échan-
ger entre eux des avis, des demandes dont l'importance se
mesure sur les besoins et les dangers de la navigation. Ils
pourront, lorsqu'ils seront en vue des côtes sur lesquelles des
sémaphores seront établis, donner d'utiles renseignements,
attendre ceux qu'il leur importerait d'avoir pour leurs opérations, réclamer les secours qui leur seraient nécessaires, enfin interroger les derniers avertissements de la
météorologie.

68. — « C'est aux travaux faits depuis près de cinquante ans pour créer un recueil général de signaux que la commission nommée par les deux Gouvernements français et anglais a dû se référer pour l'adoption du Code unique qu'elle avait mission de proposer. Ces travaux étaient nombreux. Déjà, en 1818 et 1820, paraissaient en Angleterre, qui la première était entrée dans cette voie, les Codes marchands de *Tynn* et de *Squire* ; en 1836, celui de *Philipp*. Le plus connu de ces ouvrages a été longtemps celui du capitaine *Marryat*, dont la dernière édition (1854) est contemporaine du Code français *Reynold* ainsi que du code américain *Rogers*. Mais, au milieu de cette variété d'ouvrages, le besoin d'un seul code n'en était que plus manifeste ; les communications étaient demeurées à peu près impossibles entre les navires de diverses nations : aussi le *Board of Trade* désignait-il, en 1855, un comité composé de sommités commerciales et d'officiers de la marine royale chargés d'étudier la question. Ce comité, dans lequel figuraient des noms considérables dans la science, et les amiraux Beechey et Fitz-Roy, formula en 1856 un projet de code universel. Edité à la suite d'un laborieux examen de treize livres de signaux appartenant à diverses nations et mis en ordre par M. Larkins, du *Board of Trade*, et secrétaire du comité, ce code, qui offrait toutes les garanties désirables et par le nombre de signaux qu'il renfermait, et par le soin avec lequel ils avaient été classés, a été accepté à l'unanimité par la commission comme celui qui désormais devait être adopté. Toutefois la commission y a introduit des modifications nécessaires pour que les navires puissent communiquer à grande distance et se mettre facilement en rapport avec les sémaphores ; et aujourd'hui il offre un recueil complet et d'un usage facile. Au moyen de dix-huit pavillons combinés deux à deux, trois à trois et quatre à quatre, on obtient plus de soixante-dix-huit mille combinaisons, nombre plus que suffisant pour exprimer toutes les communications nécessaires à la mer et pour signaler le nom des bâtiments de guerre et de commerce des différentes nations ; enfin, pour les signaux de grande distance, un nombre également suffisant de combinaisons est obtenu par l'emploi de trois

boules et de deux pavillons. Ainsi, tous les navires munis du matériel nécessaire et dont le prix est fort modique (environ 150 francs), pourront, lorsque le code des signaux et la liste des navires des divers pays auront été publiés et traduits, communiquer entre eux sur toutes les mers du globe.

69. — Le *Code commercial de signaux à l'usage des bâtiments de toutes nations*, tel qu'il a été adopté par la commission anglo-française, sera seul employé par les bâtiments français pour toutes les communications échangées à la mer, soit entre eux et les sémaphores, soit avec les bâtiments étrangers (art. 1er). — Tout bâtiment de la marine impériale et tout sémaphore des côtes de France devront être munis du dictionnaire des pavillons et autres objets nécessaires pour l'échange des communications avec les navires de commerce français et étrangers, d'après le système de signaux déterminé par ledit code (art. 2). — Les bâtiments de guerre continueront à communiquer entre eux et avec les sémaphores français au moyen des signaux actuellement en usage dans la marine impériale (art. 3). — Seront envoyés aux Chambres de commerce des ports, par les soins de S. Ex. le ministre de la marine et des colonies, des exemplaires : 1° du dictionnaire du *Code commercial des signaux*, ainsi que la liste des bâtiments français et étrangers et de leurs numéros officiels dans le *Code commercial des signaux* ; 2° de la carte des sémaphores français. Seront également envoyés aux Chambres de commerce, des modèles : 1° de la série universelle des pavillons du *Code commercial des signaux* ; 2° et des boules noires employées pour les signaux à grande distance (art. 4). — Seront réglés par des dispositions ultérieures concertées entre nos ministres secrétaire d'Etat de l'intérieur et de la marine, les détails de transmission télégraphique des dépêches commerciales reçues des bâtiments ou transmises par des sémaphores (art. 5.) — Un arrêté de S. Ex. le ministre de la marine et des colonies déterminera le jour à dater duquel le *Code commercial des signaux* sera exclusivement employé (art. 6.) — Toutes dis-

positions contraires au présent décret sont et demeurent
abrogées (art. 7).

70. — A cette heure où les peuples sont, par les signes
les plus éclatants, irrésistiblement portés à l'union, j'espère
avoir découvert la langue universelle de l'humanité. Je m'occupe avec ardeur de terminer les écrits propres à expéri-
menter le plus tôt possible cette prodigieuse réalisation. Ai-je
besoin d'ajouter qu'en présence des grandes et mystérieuses
destinées de la civilisation, les conséquences de cette découverte seraient incalculables , économiquement, politi-
quement, religieusement et socialement ?

§ 3. — *Mer libre.* — *Pavillons internationaux.* (71 à 90.)

71. — Presque tous les territoires nationaux confinent
avec la mer, ou par de grands fleuves, ou par des baies
nombreuses, ou par des côtes étendues. La Nature, ou plutôt son Auteur, a ainsi placé les peuples — ces grandes fa-
milles de l'humanité — comme pour les mettre chacun en
possession de leurs droits sur le vaste océan : *domaine universel commun à tous.* Tel est le fondement indestructible
des droits des nations pour jouir de la pêche, de la navigation et du commerce, relativement à leurs forces, à leur
population, à leurs lumières et à leurs besoins.

72. — Grotius, dédiant son *Mare liberum* à tous les peuples libres du monde chrétien, fait connaître, dans un langage laconique, les fondements du droit de tous et de chacun
sur la communauté de la pleine mer. *Fundamentum, strue-
mus hanc juris gentium quod primariam vocant regulam
certissimam, cujus perspicua et immutabilis est ratio : licere
cuivis genti quamvis alteram adire cumque ea negociari.
Deus ipse hoc per naturam loquitur.*

73. — Il faut donc reconnaître avec Grotius, dont Martens reproduit la doctrine, que : ni le vaste Océan qui recou-
vre la plus grande partie de notre globe, ni la mer des Indes

formant l'une des quatre mers dans lesquelles on le divise
idéalement, n'ont pu être acquis exclusivement par une
nation quelconque. Ce n'est pas la difficulté seule d'en maintenir la possession qui s'y oppose, c'est le défaut d'une raison justificative pour soustraire à la communauté primitive
d'usage ce qui suffit aux besoins de tous. La jalousie de
commerce n'est pas un titre à une telle exemption : ni la
priorité du temps, ni les concessions papales, ni la prescription, n'ont pu frustrer le reste des nations de l'univers,
de la jouissance d'un droit commun à tous. (Caumont, Etude
sur la vie et les travaux de Grotius; § 3. V. Liberté des
mers § 10, p. 198.)

74. — Ajoutons que l'eau de la mer est comme l'air
fluide, contiguë à la terre, mais sans cohérence ni homogé-
néité avec l'élément solide. L'eau n'est pas plus fixée sur la
terre que l'air ne l'est sur toute la convexité du globe. Qui
oserait dire que l'aéronaute traversant l'air en ballon, *comme nous l'avons fait personnellement en* 1853, fait acte de
possession sur le sol délaissé au-dessus duquel il navigue ?
Cependant le ballon est une espèce de navire, quoiqu'il ne
soit ni armé, ni mâté. Le fond de la mer ressemble à un sol
délaissé. On peut parcourir l'océan sur les ondes fugitives,
mais on ne peut prendre possession de ses abîmes.

75. — S'il est de principe universellement admis que la
mer n'appartient à aucun Etat, quoiqu'en ait dit Selden, il
faut reconnaître : 1° que l'empire de chaque état s'étend sur
les mers territoriales, qui diffèrent essentiellement de la
pleine mer et se rattachent réellement au domaine public
des états côtiers ; 2° que les navigateurs sont soumis aux
lois de police et de sûreté de chaque état dans l'étendue de ses
mers territoriales. (Cauchy, Droit Mar. Int. t. 1. p. 34 à 40.
— Martens, Précis du Droit des gens, t. 1, p. 145 et 150.
et t. 2, p. 394. — Dalloz, v° Droit naturel n° 74. — Caumont,
Etude sur Grotius, pages 193 à 204. — Merchant Shipping
Act, amendment Act. art. 38 — v. n° 410.)

76. — Quand un abordage, entre navires ne portant pas le même *pavillon*, a lieu en *pleine mer*, c'est-à-dire dans un endroit qui, par sa nature, n'est pas susceptible d'être placé dans la propriété ou la souveraineté exclusive d'un état, et dont l'usage commun à toutes les nations n'appartient exclusivement à aucunes d'elles ; ce n'est point aux *règles de police* édictées dans les *réglements particuliers d'un État* qu'il y a lieu de recourir pour apprécier, au point de vue juridique, si l'un des capitaines est en faute. Effectivement, du principe que la liberté des mers est incontestable, il suit : 1° que les capitaines dont les navires sillonnent l'océan, doivent prendre toutes les précautions nécessaires pour *ne point gêner l'usage public et libre des eaux de la mer, ne point entraver la navigation et ne point nuire aux navigateurs ;* 2° que la plus indispensable de ces précautions, lorsqu'on navigue la *nuit* par un *temps brumeux*, est de signaler sa marche ; 3° que peu importent, à défaut de réglements nationaux ou d'insuffisance de ces règlements, les moyens qu'on emploiera à cet effet : que ce soit par des *feux uniques ou multipliés, blancs ou colorés, ronds ou triangulaires, ou tout autre moyen :* toujours faut-il que la *présence et la marche* d'un navire soient suffisamment *signalées.*

77. — Ces maximes sont d'autant plus respectables que, se rattachant à un principe admis par toutes les nations, elles deviennent la sauvegarde des intérêts du commerce maritime. Par suite de leur oubli les sinistres nautiques se multiplient : il est donc d'un intérêt d'humanité et d'un intérêt international autant que d'un intérêt purement privé, que les tribunaux des divers États ramènent à leur observation tous ceux qui s'en écartent.

78 — Les magistrats, ayant dans ces circonstances à apprécier souverainement les faits, ne sauraient apporter trop de vigilance, trop de prudence et trop de circonspection sur les causes des évènements maritimes et sur la recherche de leur véritable auteur. En effet, leurs décisions peuvent entraîner la ruine de l'un ou de l'autre capitaine, s'ils vien-

nent à reconnaître que l'abordage n'est pas fortuit, et qu'il n'y a aucun doute sur ses causes. Ils doivent toujours rendre hommage à cette vérité morale, acquise à toutes les législations, qu'on doit réparation à autrui du dommage causé par sa faute, sa négligence ou son imprudence.

79. — Décidé, conformément aux principes ci-dessus, qu'au cas d'abordage en pleine mer entre un navire français et un navire étranger, par la faute du capitaine du navire étranger, dont la marche n'était pas suffisamment éclairée, ce capitaine est responsable du dommage causé par l'abordage, bien qu'il ne fut pas obligé par les réglements de sa nation à avoir des feux à son bord. (Aix 23 déc. 1857 ; P. 58. 1. 155. — D. p. 58. 2. 39. — Jur. Hav. 58. 2. 25. — Jur. Mars. 57. 2. 341.)

80. — Au moment ou la collision est intervenue dans l'espèce qui précède, le *Lyonnais* signalait au loin sa présence par trois *feux* brillants. L'*Adriatic,* malgré la nuit et la brume, n'avait nullement signalé la sienne. Ce n'est qu'à la vue du péril imminent qu'une *lanterne* avait été allumée à son bord. Ce *feu,* s'il a été réellement allumé, soit qu'il fut trop *faible,* soit qu'il ne fut point placé dans un lieu *convenable,* soit qu'il ait été *hissé trop tard,* n'a pas été aperçu du *Lyonnais,* et dès lors n'a point signalé suffisamment à ce navire la présence d'un autre navire dans la pleine mer. C'est à cette *faute* que l'abordage a été attribué : ce qui rendait inutile d'entrer dans l'appréciation des manœuvres qui l'ont immédiatement précédé sur l'un et l'autre bord, alors que la collision était devenue inévitable. Aussi la cour d'Aix, rendant hommage à cette vérité morale, acquise à toutes les législations, qu'on doit réparation du dommage causé à autrui par sa faute, sa négligence où son imprudence, a-t-elle condamné le capitaine du navire abordeur à *indemniser sur état* les propriétaires du navire abordé, du *préjudice par eux éprouvé à la suite de l'abordage ;* maintenu la *saisie-arrêt* faite sur le *fret* dû au navire abordeur ; et validé contre navire l'*opposition à sa sortie du port.*

81. — La protestation faite à l'étranger se trouve régie par la loi du lieu, quant à la forme et aux délais qu'elle comporte. Il serait d'ailleurs trop rigoureux qu'un étranger qui ne connait pas la loi française, fût obligé à toutes ses prescriptions au moment même de l'évènement. On doit le considérer comme étant alors dans l'impossibilité d'agir d'a-près la loi française. Un délai indéterminé ne saurait ce-pendant lui être accordé pour réaliser son action, quand les nationaux ne peuvent agir que dans un délai précis et fort court. La loi française doit donc régir l'étranger lorsqu'il invoque cette loi. Tout ce qu'on peut accorder à un étranger c'est d'ajouter, au délai d'un mois dans lequel doit-être introduite l'action d'après l'art. 433 c. com., le délai à raison des distances.

82. — Jugé au surplus que le capitaine d'un navire étran-ger abordé par un navire français est obligé, pour pouvoir intenter son action contre le capitaine français, de se con-former aux prescriptions de la loi française et d'observer les formalités qu'elle impose. Il est en conséquence passible des exceptions et fins de non-recevoir résultant des art. 435 et 436, et on peut lui opposer une fin de non-recevoir, tirée de ce qu'il n'a pas formé sa demande en justice dans le mois. Il en est ainsi encore bien que l'abordage ait eu lieu dans des eaux étrangères. (Marseille 8 mai 1861 ; Jur. Hav. 62. 2. 84. — Aix 18 Février 1859 ; Jur. Hav. 59. 1. 202.)

83. — Si en dehors du territoire français l'étranger ne se trouve pas soumis aux lois françaises et aux obligations qu'elles imposent, il ne saurait être, cependant, qu'en venant en France les invoquer à son profit devant les tribunaux, il puisse repousser ce qu'elles peuvent avoir de défavorable, pour n'accepter que ce qui protège sa prétention. La loi ne peut-être ainsi divisée par celui qui vient s'en prévaloir, mais doit être prise, au contraire, en son entier et sans restriction, soit dans les moyens de forme, soit dans les moyens de fond. Les déchéances des actions organisées par la loi étant une ressource que celle-ci offre à la partie attaquée devant les

tribunaux français, il ne serait pas juste qu'elle en fût ainsi
dépouillée dans sa défense sur la demande, et que la position de l'étranger fut ainsi plus avantageuse que celle du
français lui-même. (Marseille, 17 Juin 1858 ; Jur. Hav. 58.
2. 282.)

84. — Mais il faut se garder de confondre la *protestation*
avec l'*action*. Le sinistre et ses causes doivent être constatés suivant les lois et usages du pays. Effectivement, s'il résulte du rapport de mer dressé et déposé par le capitaine
étranger au lieu de l'abordage, ou voisin du sinistre, ou du
port de refuge, ou de destination, qu'il a protesté de la manière la plus énergique et la plus positive contre le vapeur
étranger, son capitaine, son équipage, ainsi que contre les
propriétaires et armateurs du navire abordeur pour tous
les dommages, avaries, pertes, détériorations et préjudices
occasionnés à son navire, par suite de l'abordage et pour
tous ceux qui en pourraient être la conséquence ; et que
le défaut de réalisation de la demande n'a été causé que
par le départ du navire abordeur, avant le premier moment
utile pour agir conformément à la loi du lieu ; il s'en suit
nécessairement que le capitaine du navire abordé, en pro-
testant dans la forme voulue par la loi et les usages du pays,
a conservé utilement son action en faisant tout ce que la
procédure étrangère du lieu lui permettait de faire, pourvu
qu'il renouvelle en France ses protestations avec citation en
justice avant l'expiration du mois. (Marseille, 17 Juin 1858 ;
Jur. Hav. 58. 2. 282. — Sibille, n° 373.)

85. — Par contre, le capitaine d'un navire étranger, cité
par un français devant un tribunal français pour un abordage arrivé en pleine mer entre son navire et celui du demandeur, peut opposer à cette action la fin de non-recevoir
des art. 435 et 436 c. com., encore bien qu'elle ne soit pas
écrite dans la législation du pays auquel appartient cet étranger ; mais cette fin de non-recevoir ne peut être invoquée
que lorsque le capitaine demandeur a pu agir. (Aix, 12 Mai
1857 ; Jur. Hav. 57. 2. 165. S. V. 57. 2. 721. — P. 58. 152.)

86. — Si les tribunaux de la nation du demandeur sont compétents pour connaître d'une action en réparation du dommage causé par un abordage arrivé en pleine mer et imputé à la faute d'un navire étranger (Aix 12 Mai 1857. Jur. Hav. 57. 2. 165. — S. V. 57. 2. 724 — P. 58. 152. — Sibille n° 374. — Cassation 13 Déc. 1842; S. V. 43. 1. 14. — D. P. 43. 1. 15. — Fœlix, v° Droit intern. p. 221.) les tribunaux nationaux sont incompétents pour connaître d'une action en dommages-intérêts fondée sur un abordage arrivé en pays étranger, entre deux navires également étrangers (Anvers, 4 Mars 1853 ; Jur. Anv. 57. 1. 267.) Il faut donc actionner devant les juges naturels de l'un ou de l'autre des litigants (Contra : Sibille n°ˢ 372 et 379.) à moins que l'incompétence ne soit proposée ni par les parties, ni d'office par le tribunal. (Consultez analogiquement : Marseille 17 Juillet 1854 ; Jur. Mars. 54. 1. 219. — Bruxelles, 15 Déc. 1853; Pasicr. 57. 2. 199. — Rouen 23 Avril 1855 ; D. p. 55. 2. 167. — Paris, 13 Mars 1849. — Douai, 5 Juin 1851 ; D. p. 53 . 2. 164. — Nantes, 2 Juin 1860, Jur. Nant. 60. 1. 224.)

87. — Qu'il nous soit permis de dire qu'il serait à désirer que l'abordage entre navires étrangers, dans les eaux françaises, fût jugé par les tribunaux français. Effectivement, sous l'empire de l'ordonnance de 1681, le conseil de l'amirauté connaissait les abordages entre tous navires, tant nationaux qu'étrangers. Aussi est-ce avec juste raison que le tribunal de commerce de Rouen, par un jugement du 15 Novembre 1843 (*Gazette des Tribunaux*, 18 Novembre 1843) s'est déclaré compétent pour connaître de l'action en réparation du dommage occasionné par suite d'un abordage en rade du Havre, bien que l'action se fut judiciairement engagée entre navires anglais, naviguant tous deux sous pavillon anglais. D'ailleurs, ainsi que le fait judicieusement remarquer un jugement d'Anvers du 4 Mars 1853 (Jur. Anv. 57. 1. 267), n'y a t-il pas nécessité d'apprécier, suivant les particularités et les règlements locaux, les circonstances qui se rattachent au fait d'abordage ? Le lieu du paiement du dommage, s'il y échet, n'est-il pas celui du quasi-contrat ou quasi-délit ?

N'est-ce pas au lieu de l'abordage que s'apprécie efficacement la nature et l'étendue des dommages causés ainsi que l'exactitude des frais de réparation ? C'est le cas ou jamais de se rappeler cette maxime du droit maritime international, reproduite dans notre législation française par l'art. 419 c. pr., que les capitaines sont véritablement domiciliés à leur bord. (Arg. ad. simil. ; Bruxelles, 16 Mai 1815 ; Jur. Brux. 16. 1. 254. — Caen, 22 Janv. 1827. — V. n° 349 suiv.)

88 à 90. — Pour ce qui a trait aux collisions dans les eaux françaises, soit entre deux navires de l'état ou affectés au service de la douane, soit entre un navire de l'Empire Français et un navire de guerre étranger, soit entre un navire de guerre français et un navire du commerce, soit entre un navire de guerre étranger et un navire du commerce français, soit entre un navire de guerre français et un navire de commerce étranger, soit entre deux navires de guerre étrangers , nous renvoyons au remarquable ouvrage de M. Sibille, n°s 338 à 367.j

§ 4. — *Abordage fortuit* (91 à 100).

91. — L'abordage fortuit est celui qui est causé par force majeure ou cas fortuit, c'est-à-dire sans faute de la part du capitaine abordeur. Dans l'abordage fortuit le capitaine est légalement excusé envers et contre tous ceux qui, directement ou indirectement, auraient éprouvé des avaries par le fait de l'abordage. C'est ce qu'exprime énergiquement l'art. 307 § 1 c. com. ainsi conçu : En cas d'abordage de navires, si l'évènement a été purement fortuit, le dommage est supporté, sans répétition, par celui des navires qui l'a éprouvé.

92. — Ainsi donc d'une part, quand l'abordage est l'effet du hasard, et ne peut être imputé ni à l'intention, ni à la maladresse, ni à la négligence, ni à l'imprudence de personne, c'est un évènement dont quelqu'un peut souffrir, mais dont nul ne doit répondre. (Exp. des motifs) ; et d'autre part, le cas fortuit ou la force majeure, par exemple : la violence des vents, faisant heurter les navires l'un contre l'autre, se pré-

sume toujours, et c'est à celui qui prétend le contraire à établir que le choc des navires ne provient point de fortune de mer. (Valin, sur l'art. 10 des Avaries.)

93. — Décidé que les juges de la cause ont le droit d'apprécier les faits et circonstances constatés par les enquêtes : 1° pour rechercher si les capitaines se sont conformés, dans leur conduite et dans la marche suivie par leur navire, aux arrêtés sur la navigation et aux usages constamment adoptés ; 2° pour constater qu'il n'y a ni faute, ni négligence, ni imprudence à leur imputer, et que dès lors l'abordage est le résultat de la force majeure. (Cassation, 14 Janvier 1851 ; D. P. 52. 1. 134. — S. V. 52. 1. 638. — P. 53. 1. 274).

94. — Dès lors les tribunaux peuvent reconnaître dans un abordage, qu'il y a eu tout à la fois cas fortuit et faute. Ainsi, bien que le capitaine soit déchargé de toute responsabilité lorsqu'il y a eu force majeure, si une faute quelconque se réunit à la force majeure, le capitaine doit supporter proportionnellement à la mesure d'imputabilité de la faute, une partie des avaries résultant de l'abordage. (Havre, 25 Mai 1850, 12 Février 1853 ; Jur. Hav. 57. 1. 32). Toutefois nous ferons remarquer que Casaregis (Disc. 19 n° 25) rejette absolument l'exception de cas fortuit si l'évènement pouvait être évité ou avait été précédé de quelque faute. Or, dans les espèces précitées, le navire abordeur avait contrevenu aux prescriptions du règlement du port, en entrant sans tenir ses ancres prêtes à être mouillées ou en mouillant trop tard, c'est-à-dire après avoir dépassé le point du mouillage. (Conférez avec l'art. 299 du Merchant Shipping act, 1854, et avec l'art. 29 du Merchant Shipping act, amendment act — V. n°s 384 et 401.

95. — Dans tous les cas, il est certain que l'abordage fortuit constitue une avarie simple, aussi bien pour les dommages causés aux marchandises qu'aux navires eux-mêmes (404. 407. c. com.) Au contraire, sous l'ordonnance de 1681, les avaries étaient mises en masse pour être supportées par égale portion entre les deux navires. Donc, l'art. 407 c.

com., en faisant revivre la jurisprudence antérieure à l'ordonnance et en accueillant le système d'Emerigon, a véritablement introduit un droit nouveau.

96. — Une circulaire ministérielle du 18 Mai 1860 enjoint
aux chefs de service de la marine, commissaires de l'incrip-
tion maritime et consuls, de procéder à des enquêtes appro-
fondies pour découvrir les causes des sinistres de mer. En
voici la teneur (nos 96 à 100) : « L'ordonnance du mois d'Août
1861, liv. IV, tit. IX art. 18, et l'ordonnance du 29 Octobre
1833 art. 62, imposent aux autorités maritimes et aux autorités
consulaires l'obligation de rechercher les causes des naufrages et des échouements, et d'examiner par tous les moyens
qui sont en leur pouvoir, si le sinistre ne peut pas être
attribué à une intention coupable, à la négligence ou à l'impéritie. C'est assurément là un des devoirs les plus importants dés commissaires de l'inscription maritime et des
consuls. Cependant, on n'apporte pas toujours dans son accomplissement, toute la vigilance nécessaire ; ainsi l'on se
borne, la plupart du temps, à donner lecture du rapport
du capitaine aux témoins de l'évènement, et à leur demander s'ils en reconnaissent l'exactitude : mode de procéder dont l'effet, presque certain, est un acquiescement
banal des personnes interrogées. Il faut au contraire que l'enquête, à laquelle on se livre en pareille occurence, soit aussi
approfondie que possible, qu'elle ne néglige aucun moyen
d'arriver à la découverte de la vérité. Examen du navire ou
des débris par des experts assermentés, examen des papiers
de bord, et notamment du journal ; examen très attentif
des procès verbaux d'avaries, interrogatoire des hommes
de l'équipage et des passagers, qui ne doivent pas seulement être invités à rapporter ce qu'ils ont vu, entendu ou
pensé, mais pressés de questions multipliées sur toutes les
circonstances du sinistre. Il est, en effet, impossible, dans
des investigations aussi complètes et aussi minutieuses, de
se former une opinion motivée qui permette de prendre, à
l'égard du capitaine ou de tout autre homme compromis,
telle mesure que de droit. »

97. — » Les consuls qui reçoivent du capitaine le rapport exigé par l'article 246 du code de commerce, et qui procèdent, en conformité de l'article 247, à l'interrogatoire de l'équipage et des passagers, ont entre les mains tous les éléments d'une enquête sérieuse. Les commissaires de l'inscription maritime peuvent suppléer à ces éléments d'appréciation au moyen d'investigations qui, si elles sont bien conduites, feront sans doute ressortir la vérité. Mais il est indispensable que les consuls et les commissaires de l'inscription maritime soient assistés par des personnes qui aient, en matière de navigation, les connaissances spéciales nécessaires pour apprécier les faits et les circonstances du naufrage ou de l'échouement. La plus grande partie de ces informations administratives aura nécessairement lieu dans les principaux ports de commerce où la direction des mouvements du port est confiée à un officier de la marine impériale, qui prendra naturellement part à l'enquête. A défaut, et sur les autres points où ce concours ne pourrait être obtenu, il y aura à réclamer l'assistance du capitaine de port ou du capitaine au long cours, appelé à siéger au tribunal maritime commercial. Dans les consulats, il conviendra de se faire seconder par un officier de vaisseau, s'il se trouve un bâtiment dans le port ou sur la rade ; ou, à défaut, par le plus âgé des capitaines au long-cours, présents sur les lieux.

98. — » Le naufrage, l'échouement ou les avaries peuvent être attribués à la force majeure, à un acte de baraterie, à l'imprudence ou enfin à l'impéritie. Dans le premier cas, le capitaine n'est que malheureux ; dans le deuxième, le coupable doit rendre compte de son crime devant une cour d'assises ; dans les deux autres, le capitaine encourt une peine disciplinaire et peut, en outre, être remis au procureur impérial, pour être déféré, s'il y a lieu, aux tribunaux correctionnels, à fin d'application des articles 319 ou 320 du code pénal, lorsque son imprudence ou son impéritie paraissent avoir été des causes de mort ou de blessures. Si l'enquête amenait la découverte d'un fait dont la connais-

sance appartient au tribunal maritime commercial, il conviendra de l'en saisir sur le champ ; si, au contraire, les délits ou crimes relevés par l'enquête tombent sous la juridiction des tribunaux ordinaires, les commissaires de l'inscription maritime dénoncent directement les coupables présumés
au procureur impérial, à qui ils transmettent toutes les informations qu'ils ont recueillies. Il est aussitôt rendu compte de
cette démarche.

99. — » Quant aux consuls, c'est au département de la
marine qu'ils doivent adresser les procès-verbaux signés de
tous les témoins, dans lesquels ils ont consigné le résultat
de leurs investigations ; ils font en même temps connaître
les ports sur lesquels ils ont dirigé les hommes qu'ils ont
été obligés de rapatrier, et dont ils indiquent les noms, pré-
noms, quartiers et numéros d'inscription. Ces hommes, qui
ont déjà subi un interrogatoire dans les consulats, doivent
en subir un nouveau, très minutieux, au fur et à mesure
qu'ils rentrent en France, et cet interrogatoire, signé par
eux, est transmis au port où se poursuit l'instruction des
circonstances du sinistre. Ces dispositions isolées, recueillies quelque temps après l'évènement, ont d'autant plus
d'importance, qu'éloigné de son capitaine, le témoin se
trouve à l'abri de toute influence, et n'a plus présentes à
son souvenir des déclarations parfois concertées dans un but
coupable.

100. — » Il pourrait y avoir de graves inconvénients, au
point de vue des intérêts de l'armement, à retirer son brevet au capitaine qui aurait échoué ou avarié son navire ;
quand le bâtiment est complètement perdu, le capitaine ne
peut prendre un nouveau commandement et si l'enquête
est défavorable au capitaine, son brevet lui est retiré.
(circ. 4 déc. 1860.) — Toutes les pièces de l'enquête à
laquelle il aura été procédé sont soumises à l'examen d'une
commission composée de deux officiers supérieurs de la
marine, présidée par un vice-amiral, membre du conseil
d'amirauté, qui sera appelé à formuler un avis sur la con-

duite du capitaine. Il est difficile de procéder à des investigations efficaces quand un équipage est dispersé ; d'ailleurs,
l'éloignement ne permet pas de recourir aux preuves matérielles. Voilà pourquoi les consuls et commissaires de l'inscription maritime doivent apporter tous leurs soins à réunir
les éléments d'appréciation les plus complets, pour les trans-
mettre au ministère de la marine : en exprimant leur sentiment personnel et celui de l'officier de la marine militaire,
du capitaine de port ou du capitaine au long-cours qui aura
pris part à l'enquête touchant les sinistres dont les causes
sont recherchées.

§ 5. — *Abordage fautif. (101 à 150)*

101. — L'abordage est fautif ou quasi-délictueux lorsqu'il
est causé par la faute du capitaine ou des gens de son équipage. (1382, 1384, 1952, 1953, c. nap. — 216 , 217, 221,
230, c. com. — 534, c. hollandais. — 834, c. de Russie.
— Dalloz, vᵒ. Dr. Marit. nᵒ 529. — Rouen, 13 Juin 1848 ;
Jur. Mars. 49. 2. 25. — Rouen, 12 Janv. 1864 ; Jur. Nant.
64. 2. 37. — *Contra* : Marseille, 2 Déc. 1858 ; Jur. Mars. 59.
1. 26.) — Le capitaine et le navire sont responsables.(1382,
c. nap. — 216, c. com. — 836, c. de Russie. — Rouen, 26
Mai 1852; Gaz. Trib., 3 Juin 1852.) En aucun cas, les marchandises non endommagées ne contribuent aux avaries
causées au surplus du chargement à bord du navire en faute ;
sauf aux chargeurs à recourir *in solidum* contre le capitaine et le navire abordeur : *Bona vero mercatoris libera ma-
neant* (Emerigon, t. 1. p. 414. — *Sic :* Droit Anséatique.
— *Contra :* en Angleterre.

102. — Chacun est responsable non seulement du dommage qu'il cause par son fait, — *committendo,* — en faisant
ce qu'il ne doit pas faire ; mais aussi du dommage qu'il cause
par négligence, — *omittendo,* — en ne faisant pas tout ce qu'il
doit faire. (Massé, t. 6, p. 295. — L. 29, *ff. ad. leg. aquil.*) Cet
enseignement est celui du grand Cujas, lorsqu'il dit : *Et non*

facere, facere est; qui enim non facit, hoc facit ut nolit facere;
privatio autem actionis, est actio : (*Sic.* 1917. c. prussien. —
540, c. hollandais. — Nantes, 24 Janvier 1852. — Marseille, 25 Janv. 1859 ; Jur. Mars. 59. 1. 133. — 20 Janv.
1853 ; Jur. Mars. 53. 1. 221. — Pardessus, t. 3 p. 885.) —
L'appréciation des faits, impéritie, imprudence, négligence,
défaut de vigilance ou de précaution, inobservation des
règles établies par un usage général ou local, est souverainement abandonnée à la prudence et aux lumières des juges.
(Cassation, 14 Janv. 1851 ; D. P. 52. 1. 135.)

103. — Les faits dommageables procèdent de causes
multiples et complexes. Par exemple, l'abordage peut être
la suite : 1° du mauvais état des agrès du navire (Havre, 12
Fév. 1859 ; Jur. Hav. 59. 1. 41) ; 2° d'une marche trop rapide
d'un navire à vapeur (Havre 4 Avril, 1er Août 1860 ; Jur.
Hav. 60. 1. 85 et 180.) ; 3° du mépris des règles qui régissent le mouillage (Bordeaux, 4 Juin 1860 ; Jur. Mars. 60.
1. 451) ; 4° de l'absence ou de l'insuffisance de feux réglementaires (Havre, 18 Avril 1859 ; Jur. Hav. 59. 1. 93. —
Marseille, 25 Février 1859 ; Jur. Mars., 59. 1. 133) ; 5° du
mauvais placement des amarres et des ancres (Marseille,
14 Janvier 1860 ; Jur. Mars. 50. 1. 52. — Marseille, 6 Février
1850 ; Jur. Mars. 50. 1. 55) ; 6° du fait de deux bateaux à
vapeur qui viennent l'un sur l'autre (Marseille, 23 Mai 1856 ;
Jur. Mars. 56. 1. 183) ; 7° de bâtiments de mer qui naviguent
l'un vent arrière ou sous vergues, l'autre au plus près du
vent (Aix, 22 Février 1858 ; Jur. Mars. 58. 1. 56 ; — Aix,
15 Janvier 1859 ; Jur. Hav. 60. 2. 95.); 8° d'une délibération
prise pour le bien et le salut commun du navire abordeur
qui, pour se sauver, a causé dommage à un autre navire.
(Havre, 25 Septembre 1860 ; Jur. Hav. 60. 1. 207.)

104. — Il n'est pas exact de dire, comme le fait M. Alfred
de Courcy, (Réform. du Dr. Marit. p. 192), que l'art. 407 soit
absolument muet à l'égard des marchandises endommagées
ou perdues ; au contraire le § 2, répétant le principe général
posé par l'art. 1382 et suiv. c. nap., veut en toutes lettres

que le *dommage* fautif *soit payé par celui qui l'a causé.*
Mais il incombe nécessairement au propriétaire de la cargaison, légalement représenté par le capitaine du navire porteur,
de rapporter la preuve d'une faute commise. (1315, c. nap.)
Voilà pourquoi si les capitaines ne sont pas reconnus fautifs,
soit individuellement, soit collectivement, ni l'un ni l'autre ne
doit supporter les dommages soufferts par les marchandises.
Par contre, si le tribunal déclare que l'abordage, loin d'être
réellement douteux dans ses causes, a positivement eu lieu
par la faute des deux capitaines, soit par exemple le *manque
de surveillance constaté à bord de chacun des navires*, cette
faute collective qui ne saurait être effacée par la faute individuelle de chacun, entraîne contre ces deux capitaines et
leurs armateurs la réparation solidaire (1200 suiv. c. nap.) du
dommage causé à la cargaison. (Marseille, 13 Janv. 1859
Jur. Mars. 59. 1. 73.)

105. — Jugé avec raison : 1° que le chargeur, dont les
marchandises ont péri dans un abordage qui est reconnu
provenir de la faute commune des deux navires, est en droit
de réclamer le montant de la perte contre les deux capitaines solidairement (Marseille, 13 Janvier 1859 ; Jur. Mars.
59. 1. 73.) ; 2° que si les deux capitaines sont reconnus aussi
fautifs l'un que l'autre, ils doivent supporter chacun la moitié
du dommage arrivé par leur fait aux chargements, et rembourser le montant des avaries causées à la cargaison, soit
aux propriétaires, soit aux assureurs desdits chargements.
(Havre, 28 Juillet 1856 ; Jur. Hav. 56. 1. 161.)

106. — Il arrive souvent, dit très judicieusement le recueil de Nantes (59. 1. 82.) que les tribunaux de commerce,
n'ayant pas les éléments suffisants pour s'éclairer sur la cause
d'un abordage, ordonnent une expertise, non pas, comme
le veut l'art. 407 c. com., pour estimer le dommage causé
par l'abordage, mais pour constater à quelle cause on doit
l'attribuer. Il arrive souvent aussi que les experts chargés de
cette mission préalable, interprètent mal l'art. 407 et sem-
blent négliger son application, parce qu'il y a doute pour

eux sur les causes de l'abordage, en ce sens qu'ils n'ont pu découvrir à quoi l'attribuer. Ils confondent ainsi l'abordage arrivé par cas fortuit, par fortune de mer, sans faute de la part de personne, avec l'abordage dû à la faute certaine de quelqu'un, sans qu'il soit possible de préciser qui doit en être responsable. C'est une erreur fréquente dans les rapports d'experts et qu'il importe d'éviter. L'art. 407, peut-être obscur dans son texte, s'applique à la dernière espèce. La loi ne s'applique pas au cas où il y a doute sur les causes de l'abordage ; car alors, et jusqu'à preuve contraire, il est présumé fortuit. Les experts chargés précisément d'examiner si l'abordage est dû à un cas fortuit ou à une faute, n'ont pas à se préoccuper de l'art. 407, ils ont à dire s'ils l'attribuent à un cas fortuit ou à la faute de quelqu'un, ou bien encore à établir qu'il est certain que l'abordage n'a pas été fortuit mais qu'il est impossible de dire quel est celui dont la faute l'a occasionné ; ils ne doivent pas aller plus loin. C'est sur leur rapport, établissant qu'il y a eu faute de la part de quelqu'un, sans qu'on puisse l'attribuer à une personne plutôt qu'à une autre, que le tribunal aura à décider s'il y a doute dans les causes de l'abordage, et à ordonner l'expertise dont il est question à l'art. 407 pour estimer le dommage qui devra être supporté par égales portions par les navires qui l'on fait et souffert.

407. — Tel est aussi notre sentiment. Aussi le *jugement du tribunal qui renvoie toutes les parties devant les capitaines experts chargés de les concilier, et à défaut de faire leur rapport sur les causes de l'abordage, de ses conséquences, et de donner leur avis sur la responsabilité qui doit peser sur chacun des capitaines ou propriétaires des navires* doit être soigneusement exécuté par les experts qui, pour accomplir parfaitement leurs obligations, doivent circonstancier taxativement la cause de l'abordage et rechercher très attentivement, lorsque l'accident n'a été produit par aucun cas fortuit, à qui doit remonter la responsabilité de l'accident, préciser si la faute est collective ou particulière, ou s'il y a doute sur

la part que chacun des capitaines a pu prendre à l'abordage
dont la cause leur est restée inconnue.

108. — Si les circonstances de l'abordage sont exclusives
de toute idée de force majeure et de cas fortuit, et qu'il ne
s'agisse plus que de rechercher s'il y a faute et de qui elle
procède, l'arrêt qui constate qu'il y a eu faute commune de
la part des deux capitaines, *mais dans une mesure différente
d'imputabilité*, peut décider que sur la somme totale des
avaries, un capitaine et ceux qu'il représente, prendront à
leur compte les trois quarts, l'autre quart restant à la charge
de l'autre. (Rouen, 12 Janvier 1864 ; Jur. Nantes. 64. 2. 37.)
Raisonnant dans l'hypothèse où cette faute commune eût
causé l'avarie des cargaisons, il est de toute évidence que les
chargeurs auraient pu rendre les capitaines et armateurs des
deux navires conjointement responsables des avaries es-
suyées par les marchandises, dans la proportion des condamnations ci-dessus prononcées ; c'est-à-dire dans la mesure
d'imputabilité de la faute. — Il ne s'agit pas d'appliquer,
comme le prétend M. Alfred de Courcy, la règle *res perit
domino*, ce qui est de toute évidence ; mais bien de savoir
si la faute collective n'entraîne pas, comme la faute individuelle, une réparation conjointe et solidaire de la part des
fauteurs envers les chargeurs ou propriétaires de la cargaison
qui ont perdu leurs marchandises par la faute commune des
capitaines. — C'est donc par une étrange confusion du corps
et des facultés que M. Alfred de Courcy (page 198), a vu
un *cas de perte* pure et simple, au lieu et place d'un *cas de
responsabilité de la perte fautive* des navires fauteurs envers
les marchandises.

109. — En cas d'abordage entre deux navires, faute par
l'un et par l'autre d'avoir exécuté les manœuvres usuelles et
réglementaires, chacun des navires doit supporter les avaries qu'il a éprouvées, sans aucune répétition réciproque de
l'un contre l'autre. Il en doit être ainsi surtout lorsque les
avaries les plus graves ont été souffertes par celui qui a
commis la faute la plus lourde. (Havre, 23 Mai 1863 ; Jur.

Hav. 63. 1. 194. — *Contra* : Rouen, 20 mai 1859 ; Jur. **Hav.**
59. 2. 290.— Marseille, 24 juillet 1858 ; Jur. Hav. 59. 2. 200.
— Havre, 12 février 1859 ; Jur. Hav. 59. 1. 41.)

110. — L'omission par l'un des capitaines d'une manœuvre
qui aurait eu pour conséquence d'aider à l'atténuation de la
faute de l'autre, ne peut lui être opposée comme constituant
une faute réciproque lorsqu'il a exactement suivi les règlements maritimes. (Havre, 20 juin 1863 ; Jur. Hav. 63. 1.
222.) Il est de règle, en effet, que la possibilité de prévenir les
conséquences d'une faute dont on n'est pas coupable ne peut
excuser celui qui l'a commise. (Havre 4 avril 1860 ; Jur. Hav.
60. 1. 85. — Aix, 18 février 1859 ; Jur. Hav. 59. 2. 203. —
Cassation, 7 juillet 1835 ; S. V. 35. 1. 140. — D.p. 35. 1. 388.)

111. — *Présomption de faute.* — Bien que les tribunaux
soient souverains appréciateurs de l'abordage quant à sa
cause, à sa nature, et à ses effets (Cass. 7 juillet 1835. — 2
juillet 1838 S. V. 35-1. 840) et soient guidés dans cette appréciation par le rapport des capitaines, les déclarations de l'équipage et des passagers, et la position des navires ; toutefois les
usages de la marine ont introduit certaines *règles qui peuvent
faciliter la détermination de la faute,* selon que ces règles
sont observées ou violées, à l'entrée des navires, à leur
sortie, ou dans leur modes de navigation. Ces principes
sont puisés dans le consulat de la mer, dans les jugements
d'Oléron, dans les ordonnances de Wisbuy, dans l'ordonnance de 1681 et dans la Jurisprudence.

112. — Ainsi, est réputé en faute le navire qui a ses ancres
sans gavitaux ou bouées, servant de signes pour en indiquer
la place et prévenir du danger de s'en approcher. Il en est
de même du navire mal placé dans le port, ou mal amarré,
ou dont les câbles sont insuffisants, ou enfin, qui est sans gardien, ou qui, encore, placé dans le port, ne garde pas la
distance prescrite. Il faut en dire autant du navire qui met à
la voile pendant la nuit. V. 127.

113. — Le navire qui sort du port doit faire place à celui qui entre. Celui qui sort le second étant plus maître de la mer que celui qui est sorti le premier est censé avoir causé le dommage. En cas de concours de deux navires, le plus petit doit céder au plus gros, si les circonstances ne s'y opposent. Lorsque deux navires se présentent pour entrer dans le même port, le plus éloigné doit attendre que le plus rapproché soit entré. S'ils s'abordent, le dommage sera imputé au dernier venu.

114. — La meilleure manière d'aborder pour une chaloupe ou un canot, contre un navire, c'est de venir à peu de distance du bâtiment et de mettre tout à coup sous le vent la barre du gouvernail, levant les rames ou carguant les voiles. De cette façon on élonge le navire et présente la proue au vent.

115. — Le navire qui marche à voiles déployées est présumé avoir, par sa faute, abordé celui qui, étant à la cape ou amarré en rade, n'a pu se mettre à l'écart, quand même celui-ci aurait été averti de se déplacer, s'il en a été empêché par défaut de temps, par crainte d'un plus grand danger ou autre motif légitime. (Arrêt du Parl. de Provence, 30 juin 1750.)

116. — Lorsqu'il y a eu abordage de deux navires naviguant, l'un vent arrière, l'autre vent au plus près, c'est le capitaine du premier qui doit supporter le dommage qui en est résulté, s'il n'a pris toutes les précautions nécessaires pour éviter l'abordage. Le premier navire doit manœuvrer de manière à passer en poupe de l'autre navire, s'il y a pour lui la moindre incertitude de savoir s'il pourra franchir, le premier, le point d'intersection. (Rennes, 6 juin 1833 ; P. 35. 1. 388 ; S. V. 34. 2. 245).

117. — Par suite, ce capitaine est sans droit pour réclamer des dommages et intérêts, à raison du préjudice que lui a causé l'abordage, encore bien que l'autre capitaine

. dont le navire était beaucoup plus léger eût pu, par une prompte manœuvre, éviter l'abordage ; et que, au mépris des règlements, ni ce capitaine ni son lieutenant ne se soient trouvés en ce moment à leur poste. (c. com. 407 ; — c. nap. 1382 ; cass. 7 juillet 1835 ; S. V. 35. 1. 840.)

118. — Lorsqu'un navire éprouve, sans faute de la part du capitaine et de l'équipage, un dommage quelconque en se déplaçant pour le salut d'un autre navire qui, sans ce déplacement, aurait été exposé à un accident, le premier doit en être indemnisé par le second, dans l'intérêt duquel la manœuvre a été faite.

119. — Un navire serait en faute si, pouvant sans danger se déplacer, lever son ancre ou larguer son amarre, en vue d'éviter un dommage à un autre bâtiment, il refusait de prendre une telle mesure. Toutefois, un navire qui a intérêt à ce qu'un capitaine largue son amarre, ne doit pas, sur le refus de celui-ci, se permettre de la couper de sa propre autorité, hors le cas de nécessité absolue ; il doit s'adresser au capitaine de port ou au maître de quai. (Boulay-Paty, t. 4, p. 500.)

120. — Dans la navigation en rivière, les bateaux montant doivent faire place à ceux qui descendent, sur l'avertissement que ces derniers son tenus de leur donner de se ranger et d'aller à terre. La responsabilité des suites de l'abordage tomberait sur le navire descendant s'il avait négligé d'avertir l'autre ; et sur ce dernier, s'il n'avait pas obtempéré à cet avertissement.

121. — Lorsque deux navires naviguent la nuit en sens opposé et courent à contre-bord, celui d'entr'eux qui a changé sa route de manière à venir couper celle de l'autre navire, sans s'assurer de la direction de celui-ci et de la position de ses feux, est responsable de l'abordage. (Havre 20 juin 1863 ; Jur. Hav. 63. 1. 222.) De même lorsque deux navires vont au plus près du vent à contre-bord, celui des

deux qui a les amures à babord doit céder la place à celui qui les a à tribord. (Marseille, 25 février 1859 ; Jur. Mars. 59. 1. 133.)

122. — Il est d'usage constant à la mer, et cet usage fait loi, que lorsque deux navires naviguent au plus près, celui qui court les amures à tribord doit serrer le vent ; et celui qui a les amures à babord doit laisser arriver de façon que les navires passent à babord l'un de l'autre. (Havre, 23 mai 1863 ; Jur. Hav. 63. 1. 194. — Aix, 15 janvier 1859 ; Jur. Hav. 60. 2. 95. — Anvers, 21 août 1857. — 23 janvier 1858 ; Jur. Mars. 58. 2. 127. — Aix, 2 février 1858 ; Jur. Mars. 58. 1. 56.)

123. — L'art. 3 de l'arrêté royal du 4 mars 1851, portant que « les navires marchant vent arrière ou vent largue laisse-
» ront aux bâtiments courant des bordées, tout l'espace né-
» cessaire à leurs mouvements : ils feront en sorte de les
» passer à l'arrière » est applicable même au cas où le navire marchant vent arrière rencontre plusieurs bâtiments courant des bordées dans les mêmes eaux. S'il ne peut les passer tous à l'arrière, il doit manœuvrer de manière à leur donner le temps de s'écarter. (Anvers, 18 janvier 1862 ; Jur. Anv. 62. 1. 152.)

124. — Le navire qui a le vent sous vergues doit naviguer de manière à éviter le navire qui est au plus près, sous peine d'être responsable de l'abordage. (Marseille, 9 décembre 1856; Jur. Mars. 56. 1. 331).—Lorsque deux navires en cours de navigation, l'un a vent arrière et l'autre a vent au plus près, c'est à celui qui a le vent arrière à prendre toutes les précautions nécessaires pour éviter l'abordage et à manœu-vrer de manière à passer à l'arrière de l'autre navire, s'il y a pour lui la moindre incertitude de franchir le point d'inter-section. (Havre, 12 janvier 1857 ; Jur. Hav. 57. 1. 13. — Marseille, 15 avril 1856 ; Jur. Mars. 56. 1. 242. — Aix, 2 février 1858 ; Jur. Mars. 58. 1. 56.)

125. — Un bateau à vapeur se trouve placé dans les conditions d'un navire qui aurait vent arrière, ayant par sa machine la faculté de diriger sa course, de modérer sa vitesse, de s'arrêter et même de culer au besoin. Par suite le capitaine du vapeur doit prendre toutes les précautions nécessaires pour éviter le navire à voiles dont la manœuvre est moins précise. S'il n'apporte pas la prudence nécessaire pour éviter l'abordage, il est tenu de réparer le dommage qu'il a causé (id. eod. loc.).

126. — Lorsque deux navires à vapeur courent l'un sur l'autre, la règle prescrite en pareil cas pour se préserver de l'abordage est que les deux navires viennent à tribord. Cette règle doit être rigoureusement suivie. Par suite le vapeur qui viole les prescriptions réglementaires en se rejetant sur babord et cause un sinistre de mer par cette fausse manœuvre, engage sa responsabilité au plus haut degré. (Aix, 19 novembre 1852 ; Jur. Mars. 52. 1. 33. — Marseille, 23 mai 1856 ; Jur. Mars. 56. 1. 183.)

127. — Le navire sortant *doit* laisser libre accès à celui qui entre. En cas d'abordage le navire sortant est seul responsable. (Marseille, 16 février 1863 ; Jur. Mars. 63. 1. 74 ; Jur. Hav. 63. 2. 257.) Spécialement le navire sortant du port, la nuit, par un temps noir, doit, s'il aperçoit un autre navire entre les jetées et effectuant son entrée, attendre, pour continuer sa route, que ce dernier navire soit entré. (Havre, 18 janvier 1859 ; Jur. Hav. 59. 1. 25.) Par contre, le navire entrant a aussi des obligations à remplir. Il doit ralentir la vitesse de ses machines, marcher avec la plus grande précaution, préparer ses ancres et mouiller utilement. (Marseille, 22 octobre 1855 ; Jur. Hav. 56. 2. 16. — Havre, 16 février 1861 ; Jur. Hav. 61. 1. 53. — Havre, 1er août 1860 ; Jur. Hav. 60. 1. 180). De même encore un navire entrant dans un port fait faute, lorsqu'il passe près des navires déjà amarrés à quai, si d'ailleurs il lui était possible de passer plus loin, et si surtout la direction du vent qui soufflait alors

lui commandait de s'éloigner. (Marseille, 29 avril 1863 ; Jur. Mars. 63. 1. 133).

128. — Lorsqu'un navire, pour se mettre à l'abri de la tempête, vient jeter l'ancre tout prêt d'un autre déjà mouillé sur ses deux ancres, et que les deux navires, rapprochés par les courants, se sont abordés et causé des dommages réciproques, la responsabilité de l'abordage incombe à celui qui a mouillé le dernier, si le danger des courants lui avait été signalé et que l'autre n'ait pu faire aucune manœuvre pour éviter l'abordage. (Marseille, 24 mai 1860 ; Jur. Mars. 60. 1. 151).

129. — Le capitaine dont le navire a été jeté sur un autre pour n'avoir été mouillé que sur une seule ancre, contrairement aux réglements et aux précautions commandées par la prudence est responsable des dommages causés aux navires vers lesquels celui abordé le premier a été poussé par l'effet du choc. Le capitaine du navire abordé le premier ne saurait, s'il est exempt de faute, subir aucune condamnation envers les autres navires qu'il a abordés par contre coup, même avec recours contre le capitaine abordant. C'est ce dernier qui doit être exclusivement et directement condamné au profit de tous ceux qui ont souffert de l'abordage. — (Bordeaux, 4 janvier 1860 ; Jur. Mars. 60. 2. 45).

130. — Il y a présomption de faute contre un navire qui en aborde un autre, lequel était amarré. Mais cette présomption doit céder à la preuve contraire, et notamment cette preuve serait faite si, au moment de l'abordage, le navire amarré n'avait pas à bord des matelots en nombre suffisant pour exécuter une manœuvre propre à prévenir la collision. (Anvers, 6 septembre 1862 ; Jur. Anv. 62. 2. 194). Est également présumé en faute le navire qui, marchant sous voiles, aborde un autre navire mouillé en rade. L'existence d'une bourrasque et la violence du courant ne sont pas élisives de cette présomption, si d'ailleurs le capitaine du navire abordant ne prouve pas avoir pris toutes les précautions usitées

pour y résister, notamment s'il n'a pas mouillé une seconde ancre en temps utile. (Anvers, 5 novembre 1862 ; Jur. Anv. 63. 1. 24.)

131. — Le navire qui entre au bassin, en se servant de tout ou partie de sa voilure, est responsable des avaries qu'il cause à un bâtiment amarré dans le chenal d'accession. (Anvers, 21 août 1861 ; Jur. Anv.61.1.364.) Lorsque deux navires se présentent pour entrer dans le même port, le plus éloigné doit attendre que le plus rapproché soit entré. S'il s'abordent le dommage sera imputé au dernier venu, à moins que celui-ci n'établisse la force majeure. On ne peut imputer à faute à un navire qui, étant amarré à l'entrée du bassin (d'Anvers) avec une amarre au côté nord, n'a pas porté également une amarre au côté sud, puisque cette seconde amarre, quoique d'un usage fréquent, n'est pas prescrite par les règlements. (Anvers, 28 Avril 1860 ; Jur. Anv. 60. 1. 364.) Il y a présomption de faute contre le navire qui en a abordé un autre, lequel était amarré en rade et avait un pilote à bord. En conséquence c'est au navire abordant à prouver la force majeure. (Anvers, 4 février 1860 ; Jur. Anv. 60. 1. 270.)

132. — Si en principe le cas fortuit doit être présumé, il n'est pas moins certain que cette présomption doit céder devant cette autre présomption que la pratique et une jurisprudence constante font dériver de la circonstance acquise en fait au procès, à savoir qu'à la différence du navire entrant, celui chargé et prêt à partir se trouvait convenablement amarré contre le quai, bien avant et au moment de l'abordage. Ce fait relève le navire amarré de toute obligation de prouver la faute du navire entrant, lequel doit justifier que son drossement contre le bateau amarré est un accident purement fortuit. Cette preuve incombe d'autant plus au navire entrant, que le lieu de l'abordage n'est pas celui où d'ordinaire les bâtiments venant de la mer et destinés à entrer dans les bassins viennent mouiller en rade. (Bruxelles, 4 juin 1856 ; Pasicr. 57. 351.)

133. — Lorsque l'ancre d'un navire, mouillé en rade de la ville d'Anvers, à la hauteur de la bouée blanche, refuse de mordre, le devoir du capitaine consiste à filer constamment de la chaîne et, si elle refuse encore, à présenter sa seconde ancre. Faute par le capitaine d'avoir mouillé sa seconde ancre en temps utile, il est responsable de l'abordage qui survient par suite de la dérivation de son navire dans le courant. (Anvers, 8 avril 1861 ; Jur. Anv. 61. 1. 85.)

134. — La responsabilité des dommages occasionnés par l'abordage doit incomber tout entière à celui des deux capitaines dont les fausses manœuvres ont été la cause principale et déterminante de la rencontre des deux navires. La circonstance que le capitaine du navire abordé aurait pu, par une manœuvre rapidement exécutée au moment suprême se dérober au choc qu'il a reçu et prévenir ainsi les conséquences de la faute commise par le capitaine du navire abordant, ne saurait être considérée comme pouvant servir d'excuse à ce dernier, ni constituer une faute réciproque entraînant le partage de la responsabilité. (Aix, 18 février 1859 ; Jur. Mars. 59. 1. 145.)

135. — Le navire qui appareille doit prendre toutes les précautions pour quitter le mouillage sans nuire à ceux qui sont à l'ancre ; s'il survient des avaries la responsabilité doit peser sur celui qui quitte la rade, à moins qu'il ne démontre que le navire abordé doit s'imputer à faute le dommage occasionné. La présomption de l'abordage est-elle contre le navire qui met à la voile pendant la nuit ? est-ce au capitaine appareillant qui a causé des avaries à un navire à l'ancre dans les eaux du mouillage à faire la preuve qu'il a pris toutes les précautions possibles et que l'abordage a eu lieu soit par la faute du navire abordé, soit par cas fortuit ? (Contra : Rouen, 22 janv. 58. Jur. Hav. 58. 2. 68). Nous ne le pensons pas. Ainsi il est d'usage dans les pays entre les tropiques, d'appareiller à l'entrée de la nuit pour profiter de la brise de terre qui s'élève toujours dans la soirée; il n'y a donc aucune imprudence à attendre l'entrée de la nuit pour lever l'ancre. (Rouen. 10 février 1857 ; Jur. Hav. 57. 2. 54.)

136. — Lorsqu'il n'existe pas, dans le lieu, de règlement ou arrêté interdisant l'appareillage de nuit, il doit être facultatif au capitaine de profiter indistinctement, la nuit comme le jour, de tout temps favorable pour mettre à la mer : la présomption de cette faculté naît de l'établissement des feux destinés à guider les navires pendant l'obscurité. (Bordeaux, 16 juillet 1856 ; Jur. Hav. 57. 2. 56.)

137. — Le réglement qui, dans le cas de rencontre de deux navires courant à contrebord, prescrit au navire descendant de serrer le chenal à droite, ne peut s'entendre que dans le cas où les deux navires sont dans la nécessité de suivre une même ligne qui tende à les rapprocher de manière à rendre un abordage possible. Quand, au contraire, il y a suffisamment de place pour que les deux navires puissent passer aisément, en suivant la ligne qu'ils occupent quand ils s'aperçoivent, il y a faute de la part du capitaine qui, abandonnant la route qu'il suit pour aller prendre la position indiquée par le réglement, occasionne un abordage par cette manœuvre qui n'était pas nécessitée par les circonstances. Le capitaine de l'autre navire est aussi en faute si, en pareil cas, il ne prend pas toutes les précautions possibles pour éviter l'abordage, bien qu'il ait pris celles indiquées par le réglement. On doit comprendre dans le réglement des avaries le chômage des navires pendant le temps qu'ont duré les réparations nécessitées par l'abordage. (Rouen, 12 janvier 1864 ; Jur. Nant. 64. 2. 37.)

138. — Décidé également cependant : 1° qu'un capitaine qui a contrevenu aux *réglements* et qui a été abordé par un autre navire, ne peut être seul passible des avaries qui sont résultées de l'abordage, si cet autre navire l'a occasionné lui-même par une faute personnelle, par exemple en manquant à toutes les règles de la prudence en dirigeant son navire vers une rive qu'il voyait suivie et serrée par un autre bateau ; 2° que le prétexte d'observer les réglements ne peut autoriser un capitaine à compromettre tout à la fois le salut de son navire, de son équipage et celui du bateau qui, à tort,

s'est écarté de sa route, alors surtout que le fleuve offre un passage facile et bien plus que suffisant pour éviter tout danger de rencontre.(Rouen, 8 juin 1859 ; Jur. Hav. 60. 1. 140.)

139. — Mais jugé, avec plus de raison, qu'une manœuvre non faite par un navire à l'ancre, alors qu'elle eût pu être faite avec succès au moment suprême, ne peut fonder le navire par la faute duquel la collision a eu lieu à faire retomber même *partiellement* sur le navire abordé les suites de l'abordage. (Havre, 4 avril 1860 ; Jur. Hav. 60. 1. 85.)

140. — Sans doute il est du devoir d'un capitaine menacé d'une collision de faire de son côté tout ce qui dépend de lui pour éviter l'abordage , quand il s'aperçoit que , par suite d'une fausse manœuvre, un autre navire vient sur lui. Mais lorsqu'il n'est ni certain ni démontré qu'en opérant une manœuvre irrégulière, le navire blessé eût pu éviter l'abordage, on ne saurait être en faute pour n'avoir pas ainsi manœuvré.

141. — En admettant même que cette manœuvre, rapidement exécutée au moment de l'abordage, eût pu effectivement prévenir la collision, le capitaine abordé ne saurait être en faute pour ne l'avoir pas faite, vu la marche irrégulière et par lui incompréhensible du navire abordeur. D'ailleurs c'est la faute première du capitaine abordeur qui, en amenant une situation anormale, aurait nécessité la manœuvre dont il s'agit.

142. — Décidé que la possibilité où se serait trouvé le capitaine abordé, de prévenir les conséquences d'une faute dont il n'était pas l'auteur, ne saurait excuser le coupable ni constituer une faute réciproque. (Aix, 18 février 1859 ; Jur. Hav. 59. 2. 200.) Cette décision, conforme aux véritable sprincipes, est en harmonie avec la jurisprudence antérieure. (Rennes, 6 juin 1833.—S. 34. 2. 165 ; Cassation 7 juillet 1835 ; D. p. 35. 1. 388.)

143. — Un navire à l'ancre dans une rivière ou sur une

rade, est un écueil pour ceux qui naviguent dans ses eaux. Il est de jurisprudence constante de mettre à la charge du navire, marchant à voile ou à vapeur, l'obligation de prendre toutes les précautions pour éviter celui qui est à l'ancre. Dans le cas d'avaries, la responsabilité doit peser sur le premier, à moins qu'il ne prouve que le navire qu'il a abordé est lui-même en faute. Enfin la présomption d'abordage, dans ce cas, est contre celui qui navigue la nuit. (Havre, 4 avril 1860 ; Jur. Hav. 60. 1. 85.)

144. — Il est également de principe que lorsque deux navires se rencontrent, l'un étant au plus près, l'autre ayant vent arrière, c'est à celui-ci à dévier de sa route et à manœuvrer de manière à prévenir l'abordage. A plus forte raison il doit en être ainsi quand l'un d'eux est un *bateau de pêche sur son chalut*, position qui ne lui permet de faire aucune manœuvre, et qui peut le faire considérer comme *étant au mouillage*. (Havre, 7 avril 1860 ; Jur. Hav. 60. 1. 94.)

145. — Il y a faute pour un capitaine : 1° *d'entrer avec trop grande vitesse* dans le port lorsqu'il est encombré de navires. (Havre, 1er août 1860 ; Jur. Hav. 60. 1. 180) ; 2° de ne pas tenir ses ancres parées pour le mouillage afin d'amortir à temps l'aire du navire. (Havre, 13 janvier 1857 ; Jur. Hav. 57. 1. 32) ; 3° de ne pas placer à chaque bossoir un homme prêt à mouiller les ancres au commandement immédiat qui en est donné. (Havre, 12 février 1859., Jur. Hav. 59. 1. 41.) ; 4° d'employer de mauvais agrès dont la rupture causée par vétusté ou détérioration est la cause de fausse manœuvre. (id. eod.)

146. — Quant aux éléments des dommages à payer par le navire abordeur au navire abordé en cas d'abordage fautif ils sont le plus souvent multiples. Ils comprendront, *outre les avaries matérielles*, une indemnité : 1° pour chômage pendant les réparations. (Marseille, 23 mai 1856, 11 nov. 1859 ; Jur. Mars. 56. 1. 183 ; 59. 1. 332.) ; 2° pour les surestaries pendant les réparations et les frais et primes d'emprunt

à la grosse contractées pour solder les avaries et continuer le voyage (Havre, 4 avril. — 1ᵉʳ août 1860 ; Jur. Hav. 60. 1 85 et 94) ; 3° pour les frais de sauvetage et perte de fret (Aix, 31 décembre 1856. — Marseille, 1ᵉʳ Juin 1859 ; Jur. Mars. 59. 1. 215) ; 4° pour perte d'unité et de solidité de construction (Bordeaux, 16 juillet 1856 ; Jur. Mars. 56. 2. 164.) ; 5° en un mot pour tous les dommages postérieurs résultant de l'abordage, (Aix, 18 février 1859 ; Jur. Mars. 59. 1. 145.) par exemple le chômage forcé, (Rouen, 20 mai 1859 ; Jur. Hav. 59. 2. 290.) les frais de la remorque à laquelle le navire endommagé a dû recourir pour gagner un port voisin, et ceux de retardement pendant le temps nécessaire aux réparations. (Anvers, 18 janvier 1862 ; Jur. Anv. 62. 1. 152.)

147. — Outre l'importance des réparations, le capitaine en faute doit payer la *prime* et les *frais* d'emprunt à la grosse et les jours de retard. (Havre, 1ᵉʳ août 1860 ; Jur. Hav. 60. 1. 182.) L'indemnité pour frais de séjour du navire et nourriture de l'équipage pendant la relâche est fixée à 50 centimes par tonneau et par jour pour tout le temps qui s'est écoulé entre l'abordage et le moment où le navire abordé a pu continuer sa navigation (Havre, 4 avril 1860 ; Jur. Hav. 60. 1. 88.) soit pour surestaries pendant la durée des réparations (Havre, 19 mars 1860 ; Jur. Hav. 60. 1. 73.) ou séjour forcé et chômage du navire à raison des réparations à faire à ce même navire. (Marseille, 24 mai 1860 ; Jur. Hav. 60. 2. 288.)

148. — Effectivement, pour être complète, la réparation doit s'appliquer, non-seulement aux dommages matériels, mais encore au préjudice qui en a été la conséquence. Ainsi en perdant leur barque, c'est-à-dire leur instrument de travail, les abordés éprouvent un chômage qui les prive du produit de la saison de pêche ; il est de toute justice de les indemniser de ce préjudice. (Havre, 7 avril 1860 ; Jur. Hav. 60. 2. 94.)

149. — Et c'est parce qu'un sinistre comporte comme conséquence naturelle les tentatives propres à le réparer ou à
l'amoindrir, quand elles sont faites dans des conditions rai-
sonnables de réussite, que le capitaine abordeur doit, outre le
paiement du navire perdu par sa faute, rembourser les frais
du sauvetage tenté et payer une indemnité tant pour la
perte de fret du voyage commencé que pour cessation de
service et perte de bénéfice. (Marseille, 1er juin 1859 ; Jur.
Hav. 60. 2. 96.)

150. — Mais la réparation du préjudice souffert ne doit
et ne peut comprendre que les dommages immédiats et di-
rects. On ne saurait voir ce caractère dans le retard qu'a
subi le capitaine pour attendre l'issue du procès auquel a
donné lieu l'abordage, alors qu'aucune impossibilité n'existe
au départ du navire abordé, après les réparations effectuées.
On doit se borner à condamner le navire abordeur à payer :
1° le coût des réparations des avaries reçues par le navire
abordé ; 2° les retards à lui occasionnés par suite desdites
réparations ; 3° les intérêts de droit et les dépens y compris les
frais d'expertise et d'enquête. (Marseille, 11 novembre 1859 ;
Jur. Hav. 60. 2. 111.)

§ 6. — *Abordage douteux. (151 à 160.)*

151. — L'abordage douteux est celui qui est le résultat
d'une faute inconnue, qu'elle soit individuelle ou collective.
Il y a faute, mais on n'en connaît pas l'auteur. L'art. 407 est
vicieux dans son § 3, en ce sens qu'il aurait dû déclarer que
le doute portait seulement sur l'*auteur* de la faute et nullement sur la cause de l'abordage. Ces mots *s'il y a doute sur
les causes de l'abordage,* sainement et juridiquement interpré-
tés, veulent donc dire : *lorsqu'il est impossible de préciser*
par la faute de qui le dommage est arrivé. (Nantes, 15 avril
1863, Jur. Nant. 63. 1. 117.) En ce qui touche le corps, s'il y a
faute constatée des deux côtés, on fait masse des préjudices
causés aux navires et le dommage est réparé à frais com-

muns et par égales portions. On ne répartit pas le dommage proportionnellement à la valeur des navires, mais au contraire eu égard à leur nombre et par portion égale entre les vaisseaux sans responsabilité ni recours des armateurs même contre leur propre capitaine. Voyez : Grotius, au rapport de Loccenius de Jur. Marit. l. 3, chap. 9, n° 11, f° 312. —Valin, t. 2, p. 183. — Sibille, 79.—Anvers, 21 août 1857.)

152. — La marchandise, soit la cargaison, ne contribue pas au dommage ; c'est ce qu'exprimait énergiquement le droit anséatique lorsqu'il disait : *utraque navis*, EXCEPTIS TAMEN BONIS MERCATORUM, *damnum simul resarcire debet*. Mais nous avons vu, au § abordage fautif, que les propriétaires de la cargaison, soit les chargeurs — loin d'être privés d'un recours contre les navires porteurs, QUAND LA FAUTE EST MANIFESTEMENT PROUVÉE contre l'un ou l'autre des capitaines ou tous les deux ensemble — ont au contraire action, soit individuelle, soit collective suivant que la faute est commune ou particulière, contre les navires en faute, ou pour mieux dire contre leurs capitaines ou armateurs. Décidé effectivement que l'abordage dû à la faute commune doit être supporté par les capitaines et armateurs proportionnellement à la gravité des fautes respectives. (Rouen, 3 mai 1864 ; Jur. Hav. 64. 2. 131. — Nantes, 9 janvier 1864 ; Jur. Hav. 64. 2. 116. —V. n°ˢ 11. 172. 183.)

153. — Lorsque, par l'oubli des règlements et leur imprudence, les deux capitaines concourent simultanément aux avaries causées et qu'il y a doute déclaré sur les causes de l'abordage, on fait masse des frais (407 § 3) occasionnés par la réparation des avaries souffertes par les deux navires, en comprenant ensuite, dans le compte dressé contradictoirement, le loyer de l'équipage de chaque navire pendant la durée de la réparation, sur la justification qu'il est resté pendant ce temps inactif à la charge de l'armateur : les frais en masse sont supportés par moitié, on renvoie pour faire compte devant un expert amiable. En cas de contes-

tation sur le compte les parties reviennent devant la justice.
(Rouen, 8 Juin 1860 ; Jur. Hav. 60. 1. 140.)

154. — Si dans le cas prévu par le § 3 de l'art. 407 c.
com., soit l'incertitude sur les causes de l'abordage, la loi a
voulu que le *dommage* éprouvé par les navires fut supporté
à frais communs ; c'est là une disposition toute exceptionnelle et qui ne peut être étendue au profit des tiers. Le
chargeur des marchandises ne peut avoir action contre le
navire, le capitaine et l'armateur, qu'autant qu'il établit,
suivant les règles du droit commun, une faute commise à
son préjudice. La disposition légale qui partage, entre les
navires, les dommages occasionnés par un abordage dont
la cause est restée douteuse, impose ainsi aux deux armateurs une règle dont ils ont à la fois les charges et les bénéfices. Mais les propriétaires de la cargaison, qui ne supportent pas la condition onéreuse, ne doivent pas en recueillir
les avantages. Il n'est pas permis aux tribunaux de prononc-
cer une condamnation motivée sur un doute, quoiqu'en dise
M. Alfred de Courcy, pages 193-197. Voilà pourquoi les propriétaires de la cargaison ne sauraient avoir d'action contre
les capitaines et les armateurs pour le dommage éprouvé
par leurs marchandises, puisque ces marchandises ne contribuent en aucun cas à réparer le dommage occasionné au
navire où elles ne sont point placées ; pour que l'art. 407
pût être invoqué par les chargeurs des marchandises, il faudrait en étendre les dispositions aux deux *cargaisons*, et, ce
qui est complètement inadmissible, faire entr'elles la même
répartition de pertes que celle qui s'opère entre les deux
navires. (Paris, 15 Février 1861 ; P. 63. 1083.)

155. — Quand il est constaté et judiciairement reconnu
qu'il y a *doute* sur les *causes* qui ont donné lieu à l'*abordage*,
les chargeurs dont les marchandises ont péri n'ont aucun
droit à des dommages-intérêts. La réparation du dommage
ne pourrait regarder l'un ou l'autre des capitaines ou tous
deux, qu'autant qu'il serait manifestement justifié que l'événement est en réalité imputable à leur propre faute. Sans

démonstration d'une *cause déterminée*, l'abordage est juridiquement censé procéder de fortune de mer, de sorte que les chargeurs sont privés de toute action. L'art. 407, loin de présumer une faute, la repousse énergiquement tant par son esprit que par son texte, puisqu'il ne contient pas même l'expression de faute, et dit au contraire *s'il y a doute sur les causes de l'abordage*, sans répéter le mot faute dont il s'était servi dans le paragraphe précédent. (Caen, 24 Novembre 1862, P. 63. 1083 ; Jur. Hav. 63. 2. 127.)

156. — Si l'art. 216 porte que le propriétaire du navire est responsable civilement des faits du capitaine, cette disposition ne s'applique qu'aux faits qui peuvent lui être *imputés*. Mais *s'il y a doute, ou plutôt s'il n'est pas possible de savoir si le capitaine s'est ou non rendu coupable d'un fait repréhensible*, cet article ne peut plus recevoir son application. (Caen, 24 Novembre 1863; P. 63. 1083.)

157. — Décidé, par application des principes qui précèdent, qu'au cas où la *cause* d'un abordage est *incertaine*, le dommage souffert par les marchandises reste à la charge de la cargaison comme avarie particulière : l'art. 407 § 3 c. com. portant que s'il y a doute dans les causes de l'abordage, le dommage est réparé à frais communs et par *égales portions*, ne s'applique qu'au *dommage souffert par les navires eux-mêmes*. (Paris, 15 Février 1861 ; P. 63. 1083. — Caen, 24 Novembre 1862; H. 63. 1083 ; Jur, Hav. 63. 2. 127; Jur. Mars. 63. 2. 72. — Havre, 18 Avril 1859 ; Jur. Hav. 59. 1 93 ; Jur. Nant. 59. 2. 82. — Nantes, 9 Avril 1859 ; Jur. Nant. 59. 1. 209. — Anvers, 21 Août 1857 ; Jur. Mars. 58. 2. 127. — Bordeaux, 19 Juillet 1850 et 11 Mai 1855 ; Jur. Mars. 55. 1. 136. — Conf. Valin, sur l'art. 10, de l'ord. tit. des avaries, p. 598. — Emerigon, t. 1. p. 414 à 418. — Boulay Paty t. 4. p. 402. — Pardessus, 88. — Caumont, 20. — Sibille, 48. — Alauzet, 1589. — Bedarride, 1778. — Vincent, t. 3. p. 197. — *Contra* Lemonnier, t. 1. n° 163.)

158. — Lorsqu'un navire placé à l'endroit le plus étroit

du port a été abordé par un autre navire entrant ou sortant
et qu'il n'est prouvé ni que le navire abordé ait cherché
à se retirer, ni que l'autre navire ait causé l'abordage par
sa faute, il y a lieu de *déclarer douteuses les causes de l'abordage* et de faire supporter le dommage contre les deux navires dans une mesure égale, quant au quantum du préjudice éprouvé, sans avoir égard à la valeur des navires.
(Havre, 22 Janvier 1856 ; Jur. Hav. 56. 1. 37.)

159. — Il y a doute sur les causes de l'abordage, lorsque
l'abordage a eu lieu en rivière, pendant une nuit noire, entre
deux bateaux à vapeur porteurs de leurs feux réglementaires, mais qui, trompés par le reflet des côtes, et se croyant
l'un et l'autre, par suite d'illusions d'optique produites
par les lumières, plus éloignés qu'ils ne l'étaient réellement,
ont fait simultanément, pour s'éviter l'un et l'autre, une
manœuvre analogue qui a précisément occasionné l'abordage. (Havre, Juillet 1858 ; Jur. Hav. 58. 1. 148.)

160. — Dans le cas de doute sur les causes d'un abordage, la perte des marchandises chargées à bord de l'un
des navires qui a été coulé à la suite de l'abordage ne peut
être comprise dans le dommage à supporter, non plus que
le fret, les instruments et effets dont se trouve privé le navire coulé. (407. c. com.) — On ne doit comprendre dans
le dommage à supporter en commun par les deux navires
que la valeur ou les avaries des navires eux-mêmes. — Il y a
lieu de considérer comme douteuses les causes d'un abordage survenu entre deux navires dépourvus de leurs feux
réglementaires, alors qu'aucune circonstance ne révèle qu'il
y a eu faute de la part de l'un des capitaines, plûtot que de
la part de l'autre. (Havre, 18 Avril 1859 ; Jur. Nant. 59. 2.
82.)

§ 7. — *Responsabilités diverses.* - *(161 à 260.)*

161. — *Armateurs.* — Les armateurs peuvent intervenir
dans l'instance en réparation des avaries pour demander

garantie contre le capitaine de leur navire, au cas où les condamnations que pourrait encourir le capitaine, seraient exécutées sur leur navire. Et le tribunal peut condamner le capitaine à garantir par corps ses armateurs en principal, frais et intérêts des condamnations objet des avaries matérielles et dommages-intérêts pour chômage, etc., tant pour le cas où l'*exécution* aurait lieu sur leur navire comme dans celui où les armateurs en *paieraient* le montant pour la prévenir. (Marseille, 24 Mai 1860 ; Jur. Hav. 60. 2. 288. ; Jur. Mars. 60. 1. 151.)

162. — Un abordage arrivé la nuit, par suite de fausses manœuvres commandées par l'officier de quart, et pendant le sommeil du capitaine, n'engage pas la responsabilité personnelle de ce dernier, si d'ailleurs il avait choisi avec prudence l'heure de son sommeil. Dans le cas d'un pareil abordage, le capitaine qui a été cité en même temps que l'armateur doit être mis hors de cause, la responsabilité civile des faits de l'officier qui a commandé la fausse manœuvre remontant directement à l'armateur. (Marseille, 2 Décembre 1858 ; Jur. Mars. 59. 1. 26.)

163. — Jugé également que lorsqu'aucune faute personnelle n'est rapportée contre le capitaine du navire abordant, ce capitaine ne peut être condamné personnellement à des dommages-intérêts. (Anvers, 21 Août 1857 ; Jur. Mars. 58. 2. 127.) Il va de soi que, si les armateurs ne sont point au procès, le capitaine peut être condamné, mais alors en nom qualifié seulement. Si le capitaine est responsable des fautes de son équipage ou du pilote, cette responsabilité qui ne pèse sur lui qu'à raison de sa *qualité*, ne saurait l'atteindre personnellement, lorsqu'il est démontré que la faute ou la négligence qui a causé le dommage ne provient pas d'un fait qui lui est personnel. (Conférez sur cette question. Aix, 11 Juillet 1833; Jur. Mars. 33. 1. 273. — (Rouen, 13 Juin 1848; Jur. Mars. 49. 2. 25. — Rouen, 3 Mai 1844. S. V. 44. 2. 293. — Marseille, 8 Novembre 1859 ; Jur. Nant. 60. 2. 1. — Caumont, Dr. Marit. V°. Baratterie de patron, n°ˢ 23 et 24. — Rouen, 8 Avril 1864 ; Jur. Hav. 64. 2. 69.)

164. — Du principe que le capitaine n'est responsable envers son armateur que de ses fautes personnelles, sans répondre de celles que ses préposés ont pu commettre dans l'exercice de leurs fonctions, alors qu'il n'est lui-même passible d'aucun reproche ; il suit que ce même capitaine qui a été, en sa qualité, condamné à réparer les dommages causés à un autre navire abordé par le sien, ne peut être tenu d'indemniser son armateur ou les assureurs subrogés aux droits de celui-ci, des sommes payées par suite de cette condamnation, si encore un coup les fausses manœuvres et le défaut de surveillance qui ont été la cause déterminante de l'abordage, se sont produits à son bord, pendant qu'il prenait du repos dans sa cabine, et si d'ailleurs le navire ne se trouvait pas à ce moment dans une de ces situations qui exigent la présence du capitaine sur le pont. (Marseille, 22 Juillet 1861 ; Jur. Mars. 61. 1. 208.)

165. — L'arrêt qui, statuant sur une action en indemnité pour cause d'abordage, a condamné un capitaine comme auteur de la faute, et son armateur comme civilement responsable à réparer le dommage souffert par l'autre navire, et les chargeurs des marchandises à bord, n'a pas l'autorité de la chose jugée entre cet armateur et ce capitaine sur la responsabilité de celui-ci envers celui-là. (Marseille, 23 Novembre 1860 ; Jur. Mars. 60. 1. 347.)

166. — Si le remboursement fait par les assureurs, au nom de l'armateur, a pour effet de les subroger dans tous les droits de l'assuré contre le capitaine dont la faute a causé l'abordage, et dont il a été déclaré judiciairement garant, il en est tout autrement quand le capitaine n'a pas été taxativement déclaré responsable de l'abordage. Effectivement, la garantie comporte un débat qui doit être toujours agité en pleine connaissance de cause, car il peut arriver que le capitaine ne soit nullement garant personnellement envers son armateur, bien que le fait de l'abordage ait préjudicié aux tiers et ait grevé l'armement du remboursement du dommage éprouvé. Il en est ainsi, par exemple, d'une ma-

nœuvre délibérée pour éviter la perte de son navire. Bien que cette manœuvre ait causé des avaries à un autre navire, elle n'est point reprochable juridiquement au capitaine du navire abordant, du chef de ses armateurs ou des réclamateurs qui ont souffert de l'abordage, ou des assureurs subrogés dans leurs droits par le paiement des avaries.

167 à 170. — Lorsque l'armateur et l'assureur d'un navire qui a péri par suite de l'abordage d'un autre navire offrent, sur la demande en dommages-intérêts par eux formée contre le capitaine de ce dernier bâtiment, de prouver, par témoins, que l'abordage est imputable à ce capitaine, le tribunal saisi de la contestation peut refuser la preuve de ce fait, sur le motif qu'il est victorieusement contredit par les pièces du procès, sans que cette décision, fondée sur une appréciation d'actes et de documents, donne ouverture à cassation. (Req. 2 Juillet 1838.)

171. — *Chargeurs.* — L'article 435 § 3, c. com. s'applique à *toute* action pour avarie causée par abordage, soit au navire, soit à la *cargaison.* Le mot *dommage,* dont se sert la loi, comprend évidemment tout ce qui est la conséquence directe ou indirecte du sinistre. D'un autre côté, le *chargeur a pu agir* puisqu'il est, pendant le voyage, représenté par le capitaine ; l'action que ce dernier intente pour la cargaison est celle des chargeurs, comme celle qu'il intente pour le navire est celle des propriétaires armateurs. — En effet, il n'y a pas de raison de distinguer en faveur des chargeurs, puisque si le plus souvent ceux-ci ne se trouvent pas sur le lieu de l'accident pour pouvoir agir, il en est de même du propriétaire armateur du navire.

172. — Décidé au surplus, qu'il n'y a aucune distinction à faire entre le dommage causé à la cargaison et le dommage causé au navire, entre le chargeur et le capitaine, ce dernier étant le représentant de l'autre et son mandataire légal pour les actes relatifs à ce double intérêt ; de sorte que si ce capitaine a omis de remplir les prescriptions rigou-

reuses de la loi, le chargeur ne saurait plus avoir de recours que contre lui pour le préjudice souffert par la marchandise. (Aix, 22 janvier 1862 ; Jur. Mars. 62. 1. 17. -- V.
nᵒˢ 11. 152. 183.)

173. — L'article 435 du code de commerce n'impose point,
au destinataire d'une marchandise chargée sur un navire qui
a été abordé, l'obligation de faire notifier une réclamation
contre l'abordage, au capitaine et à l'armateur du navire sur
lequel la marchandise était chargée. La marchandise n'est
pas réputée reçue sans protestation, quand le destinaire l'a
reçue comme sequestre, en vertu d'une ordonnance du président du tribunal de commerce et pour le compte de qui
il appartiendra. En conséquence, lorsqu'une marchandise
transportée par eau a été perdue ou avariée à la suite d'un
abordage, et que cet évènement ne peut être attribué au cas
fortuit, le transporteur doit indemniser le destinaire du préjudice qu'il éprouve par suite de la perte ou de l'avarie de la
marchandise, sans pouvoir lui opposer la fin de non recevoir tirée de ce qu'il n'a pas protesté dans les formes et délais des articles 435 et 436 du code de commerce. (Nantes,
6 avril 1864 ; Jur. Nant. 64. 1. 110.)

174. — Le capitaine du navire abordé est tenu, comme représentant des chargeurs, de réclamer les dommages éprouvés par le chargement, en tant qu'ils seraient la conséquence
de l'abordage. Toutefois il satisfait à ses devoirs en protes-
tant de tous dommages le lendemain du sinistre, et en appel-
lant les chargeurs en cause avant l'expiration du mois, de
manière à leur permettre de veiller utilement à leurs intérêts.
Lesdits chargeurs, ainsi mis en cause, sont tenus de former
une action recursoire, ou du moins de conclure en indemnité contre les propriétaires du navire abordant, dans le mois
à partir du protêt du capitaine ; faute de quoi ils sont non
recevables. (436. c. com.) — Il ne suffit pas que, dans le
courant du mois, ils aient acquiescé à l'expertise. (Anvers,
21 août 1857. — Brux. 23 janv. 1858 ; Jur. Anv. 57. 1. 314.)

175. — Si les chargeurs ne sont point appelés dans l'instance, ils ont le droit d'y intervenir pour les facultés, comme
l'armateur a le pouvoir de le faire pour le corps. Effectivement, c'est leur propre cause qui se débat sous le nom de
leur représentant légal. Le capitaine est si bien, le représentant légal du chargeur pour les marchandises et de l'armateur
pour le navire, qu'ils sont frappés définitivement par la
chose jugée qui atteint leur mandataire, comme s'ils avaient
été présents à l'instance, sans pouvoir dès lors revenir par
tierce opposition.

176. — Dès que les chargeurs sont en cause par inter-
vention directe ou appelée, ils doivent veiller eux-mêmes à
leurs intérêts en formulant utilement leur demande pour les
dommages-intérêts éprouvés par le chargement, en tant
qu'ils seraient la conséquence de l'abordage ; faute de quoi
leur action pourrait être repoussée par une *fin de non-recevoir*, si elle n'avait pas été suivie dans le mois de la date du
protêt. C'est en vain que les chargeurs intervenants oppose-
raient la prématurité d'une demande en justice de leur part,
tant qu'il n'est pas jugé quel navire est en faute ; car rien
ne les empêche d'agir contre les parties en instance, solidairement ou alternativement, en tant que l'abordage serait
imputable, soit à une faute collective, soit à une faute particulière. (Anvers, 21 août 1857 ; Jur. Anv. 57. 1. 314.)

177. — Décidé également que l'*action des chargeurs* du
navire abordé contre le navire abordant, pour dommage
causé par l'abordage aux marchandises, doit-être, tout aussi
bien que l'action du capitaine lui-même pour le corps, déclarée non-recevable faute d'avoir été introduite dans le délai voulu par l'art. 436, c. com. (Marseille, 8 Mai 1861 ; Jur.
Mars. 61. 1. 213. Bruxelles, 23 Janvier 1858 ; Jur. Mars. 58.
2. 127.) Mais il y a lieu à *augmenter le délai à raison des
distances s'il y échet* (Marseille, 8 Mai 1861 ; Jur. Mars. 61.
1. 213; Jur. Hav. 62. 2. 84.—Aix, 18 février 1859 ; Jur. Mars.
59. 1. 145. — Marseille, 17 juin 1858 ; Jur. Mars. 58. 1.
216. — Aix, 12 Mai 1857 ; Jur. Mars. 57. 1. 23.)

178. — Décidé, *sans doute contre le navire porteur*, que la fin de non-recevoir , que les articles 435 et 436 c. com. ont édictée en matière d'abordage, pour défaut de protestation dans les 24 heures ou de demande en justice dans le mois, n'est pas applicable aux actions en indemnité formées par les chargeurs dont les marchandises ont souffert dans l'abordage. Est donc recevable, malgré le défaut de protestation, la demande d'un chargeur en réparation du dommage que lui a causé l'abordage, si d'ailleurs il n'a pas retiré la marchandise qui fait l'objet de sa réclamation. (Paris, 15 février 1861 ; Jur. Mars. 61. 2. 63.)

179. — Il est de toute évidence que si le capitaine n'appelait pas dans la cause les chargeurs pour veiller à leurs intérêts, il devrait exercer utilement, comme représentant de ces mêmes chargeurs, toutes les actions de ces derniers. En .ne réclamant pas du chef des chargeurs, contre le navire abordant, les dommages éprouvés par le chargement, il faillirait à son devoir légal et serait, par application directe ou analogique des art. 222 et 230, 350. 353. c. com. — 1382 c. nap., responsable des conséquences de son incurie et de ses omissions. C'est pour avoir méconnu d'une part le principe que le capitaine a toutes les actions du navire et de la cargaison, et d'autre part la maxime *contra non valentem agere non currit prescriptio*, que M. Alfred de Courcy, dans son étonnement, se récrie abusivement contre ce qu'il appelle les étranges erreurs du législateur. (p. 199.) On re-reconnait bien ici les illusions de l'auteur. Il nous permettra, à nous qui poursuivons sur de nombreux points la réforme du droit maritime (Voir : 1° notre travail de l'assurance, du fret à faire et du profit espéré ; 2° l'application des warrants à la propriété maritime ; 3° les annales de l'association internationale pour le progrès des sciences sociales siégeant au congrès de Bruxelles, année 1863 p. 653), de lui dire que les *dispositions* de l'art. 435 et 436 c. com. *sont pleines de sagesse* ; que ces articles ne sont que la reproduction amendée de l'ordonnance de 1681, l. 1, t. XII, art. 5. 7. 8 et 6 ; et qu'enfin le code sarde (art. 465 et 466) a textuel-

lement emprunté ces points de droit à notre législation nationale. L'expérience devrait enseigner la modestie aux réformateurs et, surtout, le respect dû à la sagesse de nos ancêtres. (V. Valin, t. 1. p 322,art. 8 de l'ordonnance.)

180. — Il est généralement admis que lorsqu'il y a *doute* sur les causes de l'abordage, le dommage à supporter en commun par les deux navires ne doit pas comprendre *l'avarie ou la perte des marchandises*. (Nantes, 9 avril 1859 ; Jur. Mars, 60. 2. 57. — Hav, 18 avril 1859 ; Jur. Mars. 59. 2. 88. — Aix, 27 novembre 1857 ; Jur. Mars 58. 1. 95. — Bordeaux, 11 mai 1855 ; Jur. Mars. 55. 2. 136.) Mais il en est tout autrement quand il est reconnu par la justice qu'il y a faute certaine du chef des deux capitaines, lors même que la faute ne devrait leur être imputée que dans une mesure différente. (Rouen, 12 janvier 1864 ; Jur. Nant. 1864 2. 37.)

181. — Décidé effectivement : 1° qu'en cas d'abordage causé par la faute du capitaine, le propriétaire du chargement, comme celui du navire, a un droit certain contre l'auteur de la faute, par suite du principe général consacré par l'art. 1382 c. nap. auquel ne déroge pas l'art. 507 c. com. (Aix, 27 novembre 1857 ; Jur. Mars. 58. 1. 95) ; 2° que le chargeur dont les marchandises ont péri dans un abordage qui est reconnu provenir de la faute commune des deux navires, est en droit de réclamer le montant de la perte contre les deux capitaines solidairement (Marseille, 13 janvier 1859; Jur. Mars. 59. 1. 73.) ; 3° que dans le cas d'un abordage reconnu provenir de la faute commune des deux navires, il y a lieu d'appliquer le principe de la réparation à frais communs du dommage souffert. (Marseille, 24 juillet 1858 ; Jur. Mars. 59. 1. 68. — Havre, 12 février 1859 ; Jur. Hav. 59. 1. 41.)

182. — Dans le cas d'un abordage de nuit entre deux navires à vapeur, par suite duquel l'un de ces navires a sombré avec son *chargement*, et plusieurs passagers ont perdu la vie; lorsque, en définitive, la cause de l'abordage est attribuée

à *la faute du capitaine du navire sombré*, la responsabilité de l'évènement doit retomber sur ce capitaine et son armateur. Dès lors, ils sont tenus *solidairement,* envers les chargeurs du navire sombré, de les dédommager de la perte de leurs marchandises, sans recours contre le capitaine et l'armateur de l'autre navire. (Aix, 19 novembre 1852 ; Jur. Mars. 52. 1. 33.)

183. — Dans les mêmes circonstances, lorsque, indépendamment de l'action civile des *chargeurs,* et en l'état d'une première décision émanée de la juridiction commerciale, qui avait déclaré l'évènement fortuit et rejeté l'action des chargeurs, la justice correctionnelle, saisie par le ministère public des poursuites exercées contre les deux capitaines des navires abordés, soit leurs seconds qui les remplaçaient lors de la survenance du sinistre, les a condamnés l'un et l'autre pour le fait d'homicide par imprudence résulté de l'abordage, les chargeurs, pour étendre leurs recours à raison de la perte de leurs marchandises, au capitaine et à l'armateur du navire sauvé, ne peuvent, en cause d'appel de la décision commerciale, se prévaloir contre ceux-ci de l'exception de la chose jugée, résultant de la condamnation correctionnelle contre les deux capitaines, par le fait de l'abordage, et les soutenir non-recevables à contester que c'est par faute que les marchandises ont péri avec le navire sombré. On doit, au contraire, reconnaître que la décision correctionnelle, relative à la répression dans l'intérêt public du délit d'homicide par imprudence, ne peut exercer aucune influence sur l'action civile des chargeurs, en réparation de la perte de leurs marchandises. (Aix, 19 novembre 1852 ; Jur. Mars. 52. 1. 33. — V. n°⁵ 11-152-172.)

184. — Lorsque les chargeurs des marchandises ou leurs réclamateurs actionnent les auteurs de l'abordage fautif, comme ils ignorent le plus souvent si la faute est imputable individuellement à l'un ou à l'autre des capitaines, ou collectivement aux deux ensemble, la prudence leur commande d'assigner en nom qualifié et conjointement les capitaines

des navires qui ont fait et éprouvé la collision, pour les faire condamner solidairement au paiement de toutes avaries et dommages causés à la cargaison par l'abordage, par le fait et faute desdits capitaines auteurs de la collision ; sauf au tribunal, si la faute commune n'est pas justifiée, à restreindre l'action contre le capitaine et le propriétaire du navire seul en faute, et audit cas, en rendant ces derniers responsables exclusivement (407. § 2. c. com. — 1382 c. nap.) des pertes et avaries éprouvées par les chargeurs et spécifiées dans leurs conclusions respectives, à les condamner solidairement et par corps et par privilège sur le navire abordeur et sur son fret, à payer aux chargeurs la valeur desdites pertes et avaries avec intérêts commerciaux et moratoires. Avant de statuer ultérieurement, c'est-à-dire avant faire droit, comme les parties sont presque toujours discordantes, tant sur la nature et le chiffre des avaries et dommages subis par le corps et les facultés que sur les frais de sauvetage et autre indemnités, le tribunal nomme comme experts des hommes compétents, lesquels, serment dûment prêté, sont chargés d'examiner tant les navires qui ont fait et éprouvé l'abordage et leurs dépendances, que la cargaison à leur bord ; d'évaluer les avaries et dommages causés par l'abordage, d'estimer les frais de sauvetage, etc.

185. — Le consignataire de marchandises avariées sur un navire abordé ne peut, sous prétexte d'urgence, faire vendre ces marchandises sans expertise préalable et contradictoire avec toutes les parties intéressées au règlement, et sans accomplir les formalités prescrites en matière d'abordage. Une fin de non-recevoir insurmontable milite victorieusement contre le réclamateur qui fait vendre ainsi volontairement les marchandises avariées, sans les protestations légales en matière d'abordage et sans expertise préalable constatant les causes de l'abordage, l'estimation des dommages et la valeur des marchandises. (Nantes, 30 juillet 1859; Jur. Nant. 59. 1. 356.)

186. — En cas de dommages causés par l'abordage, les

protestations faites par l'armateur profitent aux consignataires des marchandises ; à cet égard l'armateur doit-être
réputé le mandataire des consignataires. Il n'est pas indispensable que les protestations soient faites par le capitaine
ou patron du navire. Effectivement, le mandant a toujours le
droit d'agir à défaut du mandataire. (Rennes, 3 août 1832, S.
V. 32. 2. 547. D. P. 33. 2. 19.)

187. — L'armateur responsable de la faute du capitaine
et de l'équipage (Rouen, 8 avril 1864 ; Jur. Hav. 64. 2. 69.)
peut s'en exonérer en la limitant au navire et au fret du navire abordeur, au moyen de l'abandon autorisé par l'article
216. Cet abandon, en cas d'abordage, ne peut s'entendre
que du navire à l'occasion duquel la responsabilité est en-
courue ; on ne considère comme garant que l'armateur du
navire où a été faite une manœuvre mal entendue et dommageable. Dès lors peu importe que ce même armateur le soit
aussi de l'autre navire avec lequel l'abordage a eu lieu,
puisque cet autre navire n'étant pas en faute, ne saurait être
la cause d'aucune garantie. Et l'abandon est recevable, quoique fait à l'audience seulement et par des conclusions sub-
sidiaires. (Marseille, 2 décembre 1858 ; Jur. Mars. 59. 1. 26.
Sibille, n° 428. — Cassation, 31 Décembre 1856 ; Jur. Mars.
57. 2. 118. — Bruxelles, 31 juillet 1858 ; Jur. Anv. 58. 1.
168.) Mais l'armateur qui ne fait pas abandon du navire et
du fret est tenu personnellement de toutes les condamnations prononcées contre son capitaine en nom qualifié et
comme représentant l'armement. (Marseille, 22 juillet 1861.
Jur. Mars. 61.1. 208.)

188. — Il résulte de ce qui précède que l'armateur qui
use de la faculté d'abandon, restreint à la chose, c'est-à-dire
au navire et au fret, fruit civil du navire, les obligations contractées arrière de lui par son capitaine ; à quelque titre et
pour quelque cause que ce soit. (Conférez *Merchant shipping
act, amendment act*, 29 juillet 1862, art. 54.) En d'autres termes, il n'est obligé que réellement. (216 c. com.) Bien entendu, s'il est en même temps capitaine, comme il contracte

7

en personne, il est obligé personnellement pour sa part et portion. De même les engagements pris par le capitaine, comme un mandataire ordinaire ou avant le départ du navire dans le lieu de la demeure des propriétaires, conformément aux art. 223 et 232 c. com., obligent *personnellement* les armateurs qui ne peuvent, dans les cas prévus par ces articles, se libérer par l'abandon. (Cassation,, 30 Août 1859, S. V. 59. 1. 888. — Marseille, 4 novembre 1861 ; Jur. Mars. 59. 1. 288. — Bordeaux, 22 juin 1863 ; Jur. Bord. 63. 326 ; Jur. Hav. 64. 2. 52 ; Jur. Mars. 62. 2. 158. — Alauzet, n° 1108. — Bédarride, 298. — Cauvet, traité sur les assurances maritimes, n°ˢ 65 à 67. — Caumont, des gens de mer, § 19 p. 27.)

189. — C'est pour avoir méconnu la distinction des obligations contractées par les chargeurs personnellement ét avant le voyage, de celles contractées par le capitaine, arrière d'eux-mêmes et durant le voyage, qu'une certaine jurisprudence (Rouen, 19 avril 1861 ; Jur. Marit. 61. 2. 40.) a obligé indéfiniment les chargeurs qui restreignent au contraire les risques de mer à la chose engagée. Le chargeur (dit Emerigon, ch. 4, sect. 6, du contrat à la grosse) dont le capitaine a géré la cargaison, est tenu jusqu'à la valeur des marchandises confiées à ses soins et des retraits qui en proviennent. En d'autres termes les engagements forcés, contractés par le capitaine pour le compte des chargeurs, ne peuvent pas dépasser la valeur des marchandises sauvées. (325-327-330, c. com. Marseille, 9 novembre 1857 ; Jur. Mars. 57. 1. 294.) — Les obligations des chargeurs, quand elles ont été contractées forcément par le capitaine en cours de voyage et arrière d'eux, sont donc purement réelles. Or les chargeurs doivent pouvoir, à l'instar des armateurs, faire abandon tant qu'ils n'auront pas nové à leurs engagements. (Cauvet, traité sur les assurances maritimes, n°ˢ 68 à 70.)

190. — Ce qu'il ne faut pas oublier, c'est que l'assuré peut, après avoir délaissé aux assureurs, faire abandon aux

créanciers ; mais ce qu'il faut aussi se garder de confondre, ce sont les effets de l'abandon et du délaissement. Ainsi, M. Cauvet, (traité sur les assurances maritimes n° 327,)en rappelant que l'assuré peut tout à la fois délaisser aux assureurs et abandonner aux créanciers, professe que l'abandon et le délaissement sont en eux-mêmes deux transferts de propriété. M. Alfred de Courcy enseigne la même doctrine. (p. 50.) Or c'est-là, selon nous, une véritable hérésie. La différence qu'il y a entre le délaissement et l'abandon consiste en ce que le délaissement transporte à l'assureur la propriété de la chose délaissée, (385-386 c. com.) c'est-à-dire attribue propriétairement la chose, objet du risque, à l'assureur. (Cassation, 4 mai 1836; S. V. 36. 1. 333.) qui est subrogé légalement (Cassation, 8 déc. 1852; S. V. 53. 1. 420) dans tous les droits de l'ancien propriétaire. L'abandon, au contraire, n'est nullement translatif de propriété, c'est-à-dire que le créancier auquel il est fait n'a que le droit de se faire payer sa créance sur le navire qui est affecté, jusqu'à concurrence de ce qui est dû (1269 c. nap.) mais sans jamais pouvoir faire de bénéfice sur l'abandon. (Caumont, Dict. Univ. Dr. Marit. V. Délaissement n°s 1. 86 à 89 et V. Abandon n°s 18 à 24.) Cette distinction entre le délaissement et l'abandon doit jeter la lumière sur une grave question très sagement et très-juridiquement décidée, selon nous, par la cour de Bordeaux, le 16 janvier 1860. En effet, du double principe que les *assureurs ne sont jamais tenus au-delà de la valeur assurée*, et les armateurs au-delà du navire et du fret, il suit : 1° qu'on ne saurait engager l'armateur sur sa fortune de terre, soit directement, soit indirectement, par des paiements qui, suite de la fortune de mer, dépasseraient la valeur assurée ; 2° que les remarquables enseignements de la cour de Bordeaux ne peuvent fléchir devant la doctrine contraire de la cour d'Aix, 15 janvier 1859 ; — de la cour de Paris, du 28 août 1863 ; (S. V. 63. 2. 261) — et du tribunal de commerce du Havre, 14 Janvier 1861. Seulement les assurés, qui auront fait délaissement, agiront prudemment en dénonçant les poursuites des créanciers aux assureurs, afin qu'ils aient à les faire cesser ; et en appelant les assureurs dans la procédure d'abandon,

en le faisant déclarer commun avec eux. Effectivement,
quoiqu'en dise M. Alfred de Courcy, la vente d'un navire assuré, effectuée pour parvenir au remboursement d'une dette
au port d'arrivée, se rattachant à la fortune de mer qui a
motivé la dépense, ne fait du tout qu'un seul évènement au-
torisant le délaissement. (Cassation, 17 août 1859 ; S. V. 60.
1. 43. — Cassation, 9 août 1860 ; S. V. 60. 1. 693. — Cassation, 15 décembre 1851 ; S. V. 52. 1. 268. — Caumont, V.
Délaissement n° 45 bis. — Alauzet, n° 1498.

191. — Du principe que le pilote, en montant sur le navire et en prenant la direction, ne devient que le préposé du
capitaine, qui ne peut se condamner à un rôle passif ni s'a-
bandonner sans contrôle et sans surveillance à la discrétion
et aux fautes d'un pilote (Bruxelles, 4 juin 1856 ; Jur. Anv.
56. 1. 186. — Caumont, V° Pilote n° 18. seq. — Rennes, 3
août 1832 ; D. p. 33. 2. 19), il suit, en cas d'abordage : 1° que
malgré la présence d'un pilote à bord, le navire abordant
est responsable vis-à-vis du navire abordé ; (Bruxelles, 31
juillet 1858 ; Jur. Anv. 58. 1. 168. — Bruxelles, 23 janvier
1858 ; Jur. Mars. 58. 2. 127. — Rennes, 3 août 1832.) 2° que
cette présence ne donne pas au capitaine du navire en faute
le droit de décliner, vis-à-vis de l'autre navire, la responsabilité de l'abordage ; (Marseille, 21 juillet 1858 ; Jur. Mars.
59. 1. 68 ; — Anvers, 6 septembre 1862 ; Jur. Anv. 63. 1.
194.) 3° que toutefois, tout en ne constituant pas fin de non-
recevoir contre les intéressés, cette circonstance peut être
prise en considération pour apprécier la responsabilité du
capitaine ; (Paris, 15 février 1861 ; Jur. Mars. 61. 2. 63.) 4°
que par exemple, lorsque les armateurs du navire abordant
sont au procès, et qu'aucune faute personnelle n'est alléguée
contre le capitaine du navire abordant, celui-ci ne peut-être
condamné privativement à des dommages-intérêts. (Anvers,
21 août 1857 ; Jur. Anv. 57. 1 314, Contra en Angleterre,
V. l'art. 388 du Merchant Shipping Act, 1854.)

192. — L'armateur ou le capitaine du navire abordant par
la faute du pilote a, sans qu'il soit besoin de protestation,

une action recursoire contre ce pilôte. Cette action peut s'é-
xercer directement ou par voie d'appel en garantie devant
le tribunal de commerce qui est seul compétent pour connaître du fond de la demande, bien que la question préjudi-
cielle de faute reprochée au pilote soit de la compétence exclusive de l'autorité maritime. (Déc. 12 déc. 1806 art. 50—Arr.
26 juillet 1800 — Cass. 17 janvier 1842 ; S. V. 42. 1. 432. —
P. 42. 1. 665 — c. d'état 16 avril 1807; 6 sept. 1826 — Sibille,
n⁰ˢ 327 à 336.

193. — Décidé effectivement que les tribunaux de commerce sont compétents pour connaître de l'action recursoire
dirigée par le capitaine du navire abordant contre le pilote
sur lequel il rejette la responsabilité de l'abordage. — Ils
doivent seulement surseoir à statuer jusqu'à ce qu'il ait été
prononcé par l'administration maritime sur la question de
savoir si le pilote a manqué à son devoir et transgressé les
réglements. (Bordeaux, 4 janvier 1860. Jur. Mars. 60. 2. 45.
— Cassation 17 janvier 1842; D. p. 42. 1. 112. — L. 27 vent.
an VIII. art. 80.)

194. — Les droits des pilotes, en cas d'abordage et de naufrage de la chaloupe, sont retracés dans le décret du 12 déc.
1806 art. 44 à 50. (V. Caumont, Dr. marit. V⁰ Pilote, n⁰ˢ
25 à 30) Mandataires du capitaine *et negotiorum gestor* du
navire (c. nap. 2000 — 1375 — art. 46 et 47. Déc. 12 Déc.
1806) ils doivent être indemnisés des pertes éprouvées dans
leur gestion utile et nécessaire. Par exemple la perte totale
ou partielle de la chaloupe, réparée par le navire secouru,
oblige de rembourser, sans qu'il soit besoin de protestation
et sur simple certificat du capitaine, suppléé au besoin par
la déclaration des gens de l'équipage, ou par l'aveu du capitaine inséré dans un rapport. (Poitiers, 12 mai 1847. — D.
p. 47. 2. 3. — P. 47. 1. 196.) Et comme le capitaine a toutes
les actions du navire, le pilote, sans attaquer les propriétaires de la cargaison et du navire, peut s'adresser uniquement
au capitaine en nom qualifié, bien que les chargeurs soient
tenus de contribuer au paiement de l'indemnité. (46 Déc.

12 déc. 1806, Poitiers, 3 mai 1847. — D. p. 47. 2. 111.) Le tribunal compétent est l'administration pour les navires de l'Etat,
(Aix, 15 janvier 1856 ; Jur. Mars. 56. 1. 113.) et pour les
navires marchands le tribunal de commerce du lieu où est
inscrit le pilote (Poitiers, 3 mai 1843 ; S. V. 44. 2. 70) ou du
port d'arrivée du navire piloté. (Havre, 16 février 1863 ; Jur.
Hav. 63. 1. 80.)

195. — Bien qu'un capitaine de navire soit cité, non
comme l'auteur de l'abordage, mais comme personnellement
responsable du choc d'un autre bâtiment contre celui d'un
tiers, le tribunal de commerce est seul compétent pour connaître de cet abordage, et il est satisfait au prescrit des articles (435 et 436 c. com.) par la signification au défendeur
de l'exploit de protestation, bien que tous les faits relatifs à
l'abordage des trois navires ne soient pas taxativement rappelés, et que particulièrement le heurt du navire du défendeur contre le bateau lesteur n'y soit pas mentionné. Effectivement, cette protestation place le défendeur à même d'exercer, s'il y échet, tels recours que de droit. — Si les faits re-
levant cotés sont déniés, il écheoit d'en ordonner la preuve
même orale, et de procéder provisoirement, tous droits saufs
et dépens réservés, à la constatation régulière des avaries par
un expert. (Anvers, 15 septembre 1863 ; Jur. Anv. 64. 1. 29.)

196. — *Bateaux à vapeur.* — Dans l'appréciation des causes d'un abordage entre un navire à vapeur et un navire à
voiles, il n'y a pas à tenir compte de la différence de leurs
moyens de direction. Il faut apprécier seulement les manœuvres du capitaine sur lequel on veut faire retomber la responsabilité. Spécialement lorsque *deux navires s'avancent l'un
sur l'autre*, il n'y a pas de faute à imputer au capitaine qui,
conformément aux *règlements*, a fait appuyer à tribord. (Aix,
25 juin 1862 ; Jur. 62. 260. ; Jur. Mars. 63. 1. 56.)

197. — Décidé cependant que la prétendue exécution d'un
règlement, pour couvrir la responsabilité, doit être avant
tout opportune, intelligente et conforme à son véritable esprit,

et qu'il peut parfaitement arriver qu'il y ait dans le sinistre faute commune des deux capitaines, mais dans une mesure différente d'imputabilité. (Rouen, 12 janvier 1864 ; Jur. Nant. 64. 2. 37.)

198. — Le capitaine d'un bateau à vapeur naviguant de nuit sur un fleuve, sous ses feux réglementaires, n'est pas responsable de l'abordage de son navire avec un bateau à voile ou à rame qui n'est pas éclairé, lorsque, aux premiers cris des marins de ce bateau, il a fait le commandement de *stopp en arrière*, et que l'on ne peut, d'ailleurs, lui reprocher aucune manœuvre fâcheuse. (Bordeaux, 11 mars 1857 ; Jur. Bord. 57. 1. 136.)

199.— Dans l'appréciation des manœuvres par suite desquelles il y a eu abordage d'un navire à vapeur avec un navire à voiles, il faut tenir compte de l'extrême différence qui existe entre l'un et l'autre, quant aux moyens dont ils disposent pour se diriger. C'est au navire à vapeur à manœuvrer pour éviter le navire à voiles, et s'il n'a pas pris ou n'a pris que tardivement les dispositions qui auraient pu prévenir l'abordage, la responsabilité de l'évènement lui incombe tout entière. (Marseille, 28 novembre 1860 ; Jur. Mars. 61. 1. 18.)

200. — Deux bateaux à vapeur qui se rencontrent doivent, pour, s'éviter, se diriger chacun à contre-bord. (Aix, 19 novembre 1852 ; Jur. Mars. 52. 1. 33.) Voilà la règle générale rappelée de rechef par un jugement du tribunal de commerce de Marseille (23 mai 1856 ; Jur. Mars. 56. 1. 183.) dans les termes ci-après qui sont équipollents : « Lorsque deux navires à vapeur arrivent l'un sur l'autre, chacun des deux capitaines doit venir sur tribord. »

201. — Jugé également que lorsque deux bateaux à vapeur, naviguant la nuit à contre-bord, s'aperçoivent l'un l'autre par le feu vert (celui de tribord), chacun des deux doit continuer sa route droit devant lui ; et celui qui, sans nécessité,

en dévie pour se diriger sur tribord, commet une faute qui le rend responsable de l'abordage. (Marseille, 12 août 1858 ; Jur. Mars. 59. 1. 113.)

202. — Jugé cependant que, bien qu'en principe deux navires qui se rencontrent doivent, pour éviter la collision se diriger chacun à tribord, cette règle doit souffrir exception et constituerait une fausse manœuvre si elle était observée par un navire qui, placé en face des deux autres au milieu desquels il pouvait passer, n'a fait, en gouvernant à tribord, que rapprocher les distances et se jeter au devant d'un des deux. (Marseille, 3 juin 1857 ; Jur. Mars. 58. 1. 63.)

203. — Lorsque deux navires vont au plus près du vent à contre-bord, celui des deux qui a les amures à bâbord doit céder la place à celui qui les a à tribord. (Marseille, 25 février 1859 ; Jur. Mars. 59. 1. 133.) C'est une conséquence du principe général en vertu duquel chacun des deux navires, naviguant à contre-bord, doit prendre à tribord, soit à droite. Effectivement, celui qui a les amures à bâbord et qui reçoit, par conséquent, le vent de ce côté, peut très facilement laisser porter sur tribord ; tandis que celui qui a les amures à tribord et qui serre déjà le vent au plus près ne peut pas appuyer davantage à tribord. Il faut donc que le premier cède la place au second, ainsi que le fait judicieusement observer l'arrêtiste de Marseille. (id. eod. loc.)

204. — Les navires marchant vent arrière ou vent largue doivent laisser aux bâtiments courant des bordées tout l'espace nécessaire à leurs mouvements et faire en sorte de les passer à l'arrière. (Arr. R. 4 mars 1851, art. 3.) Les navires à vapeur en marche doivent être considérés, dans tous les cas, comme bâtiments naviguant avec un vent largue. Si, par suite d'accidents ou de circonstances indépendantes de sa volonté, un navire à vapeur ne pouvait exécuter la manœuvre prescrite par l'art. 3, il devra s'arrêter et hisser (pendant le jour) un pavillon bleu à mi-mât (id. art. 6.) Ces dispositions s'appliquent aux steamers à hélice comme aux bateaux

à roues et palettes. C'est un devoir pour les steamers de ne s'avancer dans les endroits sinueux qu'à petite vapeur, de manière à pouvoir parer en temps utile à tout événement, aussi ne pourront-ils, en cas d'abordage, invoquer comme excuse ou force majeure la sinuosité du fleuve, laquelle ne leur a permis de reconnaître la position du bâtiment qui les devançait qu'à petite distance. (Anvers, 21 août 1857 ; Jur. Anv. 57. 1. 314.)

205. — Ces principes sont généralement admis dans tous les pays maritimes ; ils ont été rappelés avec force par un jugement sagement motivé du tribunal de commerce du Havre du 12 janvier 1857 et ainsi sommairement résumé : un bateau à vapeur doit être assimilé en navigation maritime, à un navire à voiles qui aurait vent arrière ; et dès lors, lors qu'un bateau à vapeur rencontre un navire à voiles naviguant au plus près du vent, c'est au navire à vapeur à prendre toute les précautions nécessaires pour éviter le navire à voiles ; de telle sorte que le navire à vapeur, qui n'aurait rien fait ni pris aucunes précautions pour l'éviter devrait être responsable de l'abordage survenu entre lui et le navire à voiles. (Jur. Anv. 57. 1. 314.)

206. — Les navires à vapeur en marche doivent être considérés, dans tous les cas, comme bâtiments naviguant avec vent largue ; par conséquent, ils doivent éviter les navires à voiles, c'est-à-dire laisser aux navires courant des bordées toute la liberté de leurs mouvements et faire en sorte de les passer à l'arrière. — Si, par suite d'accident ou de circonstances indépendantes de leur volonté, ils ne peuvent exécuter cette manœuvre, ils doivent s'arrêter et hisser, de jour, un pavillon bleu à mi-mât. (Arr. royal 4 mars 1851. Art. 6 et 3.) Ces prescriptions sont absolues, et aucune déviation ne saurait être admise à moins d'une force majeure parfaitement établie. Si le bateau à vapeur s'est approché si près d'un navire à voiles que le moindre évènement, la moindre manœuvre, bonne ou erronée, peut amener une collision, il est responsable de celle-ci. Spécialement, l'art. 4 de l'arrêté susdit

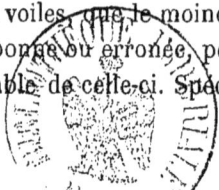

(4 mars 1851,) portant que « deux navires aidés d'un vent fa-
» vorable et marchant en sens inverse, se passeront réci-
» proquement à babord, n'est applicable qu'à la rencontre
» de deux navires à voiles. » (Anvers, 17 juin 1862 ; Jur. Anv.
62. 1. 385.)

207. — Est en faute le steamer qui a abordé, par l'avant,
un baquet de charbons manœuvrant au moyen de rames,
dans la rade d'Anvers, pour gagner un des canaux ; le steamer devait manœuvrer pour passer le bateau à l'arrière, ou
bien stopper en temps utile. — Anvers, 25 novembre 1862 ;
Jur. Anv. 63. 1. 37.

208. — En cas d'abordage d'un navire à voiles et d'un bateau à vapeur, la présomption de faute est contre le capi-
ʃaine du bateau à vapeur. (Marseille, 28 décembre 1860 ; Jur.
Nant. 61. 2. 137.) Le capitaine qui vient prendre place dans
le port doit manœuvrer de manière à éviter les navires déjà
ancrés. Il répond, ainsi que ses armateurs, de la manœuvre
qui cause l'abordage. (Marseille', 20 février 1860 ; Jur.
Nant. 60. 2. 144.)

209. — Est présumé en faute le navire qui, marchant sous
voiles, aborde un autre navire mouillé en rade. L'existence
d'une bourrasque et la violence du courant ne sont pas élisives de cette présomption si d'ailleurs le capitaine du navire
abordant ne prouve pas avoir pris toutes les précautions
usitées pour y résister, notamment s'il n'a pas mouillé une
seconde ancre en temps utile. (Anvers, 5 novembre 1862 ;
Jur. Anv. 63. 1. 24.)

210. — Mais la présomption de faute contre le navire qui
marche et qui se jette contre un navire amarré doit céder à
la preuve contraire. Notamment cette preuve serait faite si,
au moment de l'abordage, le navire amarré n'avait pas à
bord des matelots en nombre suffisant pour exécuter une
manœuvre propre à prévenir la collision. (Anvers, 6 sep-
tempre 1862 ; Jur. Anv. 63. 1. 194.)

211. — *Vice de construction.* — Il faut assimiler à la faute du capitaine du navire abordeur les vices de construction ou d'installation qui ont pu donner lieu à l'accident. On ne saurait prétendre qu'en pareille circonstance le vice de construction ou d'installation constitue un cas fortuit qui oblige le navire abordé à supporter le dommage sans répétition. Quand l'abordage s'est produit dans ces conditions, alors que le navire abordeur était remorqué et qu'il n'y a aucune faute imputable au capitaine du navire abordé ni à celui du remorqueur, c'est le capitaine du navire remorqué qui est seul responsable. (Nantes, 2 avril 1864 ; Jur. Nant. 64. 1. 110.)

212. — *Baratterie de patron.* — Nous avons vu que les assureurs sur corps qui ont pris à leur charge la baratterie de patron (353. 350. 216. 397. 407 c. com.)sont tenus de rembourser à l'assuré les dommages-intérêts qu'il a dû payer à *l'armateur et* AUX CHARGEURS d'un autre navire abordé par le sien à la suite d'une faute de son capitaine. (Cass. de France, 2 février 1861 ; Jur. Mars. 64. 2. 104 ; — Cass. de Belgique, 4 décembre 1862; Jur. Anv. 63. 1. 167;—Cass. des Pays-Bas, 17 avril 1862; Magazyn van handeldregt 1862, Regtspraak, p. 88.) Effectivement, dans la limite du capital assuré, les assureurs doivent réparer les pertes, dommages et avaries qui viennent, même indirectement, grever les objets assurés. C'est ainsi que l'art. 350 c. com. auquel se réfère, quant à ses effets, l'art. 353 place — sur la même ligne que le naufrage, dommage direct s'il en fut jamais — le changement forcé de route et l'arrêt du navire par ordre de puissance, bien que ces derniers faits laissent subsister dans leur intégrité le bâtiment assuré. Il suffit donc qu'un dommage occasionné par fortune de mer tombe, même indirectement, à la charge du navire assuré, pour qu'aux termes de l'art. 350 il soit aux risques des assureurs, alors même qu'il serait le résultat de la faute du capitaine ou de l'équipage, si les assureurs ont garanti la baratterie de patron.

213. — *Avaries.* — Le chargement du navire fautif ne répond jamais du dommage envers le navire non-fautif, pas plus que les chargeurs des marchandises non avariées ne contribuent aux avaries toujours simples et particulières causées aux autres marchandises à bord. (Sibille, nᵒˢ 59 et 89.) En ce qui touche les chargeurs des marchandises qui ont souffert l'avarie par la faute du navire, du principe que les dommages-intérêts dûs aux affréteurs pour le défaut de délivrance des marchandises qu'ils ont chargées ou pour remboursement des avaries souffertes par lesdites marchandises et par la faute du capitaine ou de l'équipage sont privilégiées sur le navire en faute, (191 § 9. c. com. — Cleirac, sur l'art. 21 des rôles d'Oléron, — Emerigon, cont. à la grosse, chap. 12 sect. 4. — Dufour, nᵒˢ 230 à 232) il suit : que les chargeurs sont préférés non seulement à l'armateur du navire abordé, mais encore à l'armateur du navire abordant qui aurait fait judiciairement condamner son capitaine à lui porter garantie des condamnations qui l'auraient atteint, par suite d'un abordage jugé avoir été causé par la faute réellement personnelle de son capitaine.

214. — Toutefois, des avaries grosses peuvent résulter de l'abordage en le précédant (Aix, 31 décembre 1824 ; Dalloz, Vᵒ Dr. Marit. nᵒ 514) ou en le suivant, lorsque force a été : 1° de couper les manœuvres (Marseille, 24 décembre 1830 ; Jur. Mars. 30. 1. 312.) ; 2° de relâcher pour le bien et le salut commun à cause du danger imminent que courait le navire abordé (Marseille, 10 juin 1856; Jur. Mars. 56. 1. 206) ; 3° d'abandonner volontairement, soit un mât de misaine avec ses agrès et voiles (Rennes, 5 janvier 1844 ; Dalloz, Vₒ Dr. Marit. nᵒ 513), soit un cable et une ancre au mouillage (Bastia, 18 juin 1844 ; D. p. 44. 2. 126.) ; 4° d'exécuter une manœuvre délibérée dans un péril extrême pour se sauver corps et biens et fuir devant la tempête (Havre, 25 septembre 1860 ; Jur. Hav. 60. 1. 204) ; 5° soit de faire tout autre dommage volontaire.—Voyez les deux mémoires adressés par MM. Engels et van Peborgh, à la chambre de commerce d'Anvers et à l'*International general average committee*, à Londres.

215. — Du principe que, même pour se sauver, on ne

peut causer préjudice à autrui, il suit : que le classement en
avaries grosses des préjudices occasionnés au bateau à vapeur
abordé ne peut donner au capitaine abordant le droit de repousser l'action résultant des dommages volontairement causés. Jugé au surplus que, lorsqu'un abordage a été la conséquence immédiate de l'exécution d'une délibération prise
pour le bien et le salut commun du navire abordeur et de sa
cargaison, ce navire est responsable de toutes les avaries
causées au navire abordé et nécessairement à la cargaison de
ce dernier navire. (Havre, 25 septembre 1860 ; Jur. Hav. 60.
1. 207. — Jur. Nant. 61. 2. 6.)

216. — Le *remorquage* est une branche importante du
commerce maritime. On appelle *remorqueurs* les bateaux
à vapeurs destinés à remorquer d'autres bâtiments. Dans les
ports de mer, les remorqueurs sont utilisés pour faire entrer
et sortir en peu de temps les bâtiments à voiles. Les droits
et les devoirs des bâtiments remorqueurs, dans leurs rapports avec les bâtiments remorqués, résultent des conventions
et de la loi. Que le remorquage ait lieu par concession administrative ou autrement, les conventions sont ordinairement
constatées par des polices imprimées et des annotations sur
les tarifs de prix.

217. — Ainsi la création et l'entretien d'un service de remorquage par bateaux à vapeur dans le port de Dunkerque
ont été l'objet d'une loi du 18 juin 1859 (Sirey, L. ann. 59.
74). — Puis un décret du 10 septembre de la même année
(Sirey, L. ann. 59. 102) a autorisé la chambre de commerce à
établir à ses frais, risques et périls, et aux clauses et conditions d'un tarif et d'un cahier des charges, un service de remorquage pour l'entrée et la sortie du port, au moyen de
droits variant suivant les zônes parcourues, le nombre des
navires, leur nationalité ou leur assimilation.

218. — Le remorquage de la Seine est, de son côté, l'objet
d'une exploitation librement abandonnée à la concurrence.
Des conditions expresses et de rigueur pour toute espèce de

remorquage sont l'objet d'une police soigneusement rédigée, dont les principales dispositions pratiques diffèrent essentiellement de celles renfermées dans le cahier des charges imposé à la chambre de commerce de Dunkerque.

219. — D'un côté les articles 4, 6 et 9 de la police de Dunkerque mettent à la charge de la chambre de commerce *l'entretien en bon état* de chaque bateau remorqueur qui doit être *constamment pourvu : 1° de toutes les pièces de rechange nécessaires* pour éviter les chômages autres que ceux qui pourraient être occasionnés par des accidents de force majeure ; 2° *de tous les cordages nécessaires* pour la remorque, avec obligation de les fournir gratuitement et d'en avoir de rechange un nombre suffisant pour remplacer ceux qui viendraient à casser ; — tandis que, par contre, la police de la Seine : 1° par son art. 1ᵉʳ *exonère le bateau remorqueur de toute responsabilité, même provenant* de sa faute ; et 2° par l'art. 9, stipule que si *les grelins* FOURNIS PAR LE REMORQUEUR *viennent à casser, le navire remorqué ne pourra rien exiger pour la cessation du remorquage et de ses conséquences.*

220. — Nous n'avons jamais compris qu'il fût possible de s'affranchir de ses fautes, car il est contraire à l'ordre public de vouloir se soustraire à la responsabilité de ses actes. Du moment où il est justifié qu'il y a fait dommageable de la part du remorqueur, il doit être responsable des avaries causées par ses faute, négligence, imprudence ou incurie, aux navires remorqués qui viennent à s'aborder entre eux. Et cette responsabilité doit être appliquée, nonobstant toutes les clauses d'exemption insérées dans la police de remorquage.

221. — Que les bateaux remorqueurs aient cherché par les art. 1 et 9 de la police de la Seine à s'exonérer des accidents des fortunes de mer que la prudence humaine ne peut prévoir ni conjurer, on le conçoit ; mais soutenir qu'ils sont affranchis de leur propre faute, de leur propre imprévoyance et qu'ils peuvent, par conséquent, affecter impunément au

service du remorquage des grelins atteints de vétusté ou de
tout autre vice, et par cela même hors d'état de supporter
les efforts les plus ordinaires à ce genre d'opération : c'est là
une prétention qui est répudiée par la raison qui s'oppose
avec la loi à ce qu'on emploie des moyens défectueux ou insuffisants pour accomplir un service qui deviendrait ainsi la
source de nouveaux et nombreux dangers, ajoutés à ceux
que présente la navigation elle-même. — La responsabilité
des conséquences de ses fautes est une loi sociale tellement
inévitable qu'on ne conçoit pas qu'une société puisse exister
sans que chacun soit tenu de veiller sur ses actes. Les crimes, les délits et les quasi-délits sont tous la violation d'un
même principe: le respect de la propriété d'autrui.

222. — Mais qu'on y prenne garde, ces clauses d'exemption ont cependant indirectement une très haute utilité en
établissant, en faveur des remorqueurs, une présomption d'ir-
responsabilité ; de telle sorte que la preuve de la faute *doit
être faite à la charge* du navire remorqueur : sans quoi l'action serait mal fondée. D'un autre côté, si cette preuve est
rapportée, les remorqueurs, loin de pouvoir partager les
avaries, conformément à l'art. 407. c. com. devront les payer
en totalité. En effet, il ne peut être question d'abordage douteux en présence des art. 1 et 9 de la police de remorquage
de la Seine. Ainsi les remorqueurs paient toutes les avaries
ou en sont entièrement exemptés, suivant que la faute est ou
n'est pas prouvée et rapportée à leur charge.

223. — Jugé : 1° qu'en cas de *doute* sur la cause des avaries éprouvées par un navire pendant qu'il était *remorqué*, la
compagnie de remorquage peut se prévaloir de la clause
d'exemption de responsabilité insérée dans la police, (art. 1.) et
qu'une telle clause ne peut être considérée comme illicite
(Rouen, 15 janvier 1846; S. V. 47. 2. 347.); — 2° que cette clause
établit en faveur des remorqueurs une présomption d'irres-
ponsabilité, et qu'en cas de doute sur la cause des avaries
survenues à l'occasion du remorquage, les remorqueurs
peuvent exciper à leur décharge d'une pareille stipulation

(Rouen, 8 mai 1845; Jur. R. 45. 214.); — 3° que, malgré cette
clause d'exemption, si la faute est prouvée contre les remorqueurs, ils doivent payer toutes les avaries faites aux
navires remorqués, parce qu'il est contraire à l'ordre public
de stipuler qu'on ne répond pas de ses fautes (Rouen, 26
mai 1852 ; — Havre, 17 novembre 1859 ; Jur. Hav. 59. 1.
208.); — 4° que les remorqueurs sont responsables des avaries
causées aux navires remorqués par la faute des capitaines
remorqueurs ou par suite du mauvais état des remorques,
et ce, nonobstant toutes les clauses d'exemption insérées dans la police de remorquage (Havre, 19 mars 1860;
Jur. Mars. 60. 2. 82; Jur. Hav. 60. 1. 73); — 5° Il ne faut pas
perdre de vue que le remorqueur loue la remorque, dont le
prix du loyer se confond dans celui du tarif; il suit de là
qu'il est garant envers le navire remorqué des vices et des
défauts de la chose louée, alors même qu'il ne les aurait pas
connus (c. nap. 1721.) — Si les navires qu'il traîne à sa suite
doivent se soumettre aux conditions qui leur sont faites, de
son côté le remorqueur contracte, avant tout, l'engagement
formel de ne fournir que des grelins en bon état et capables,
par leur force et leur solidité, de satisfaire au service qui
leur est payé.

224. — Le préjudice résultant du chômage pendant les
réparations, étant la conséquence directe de l'abordage, il
rentre nécessairement dans le dommage dont l'art. 407 ordonne la réparation (Rouen, 20 mai 1859 ; Jur. Hav. 59. 2.
290.) — Ainsi indépendamment des avaries causées par l'abordage, le remorqueur en faute doit payer les frais de relâche
et surestaries à raison de 50 c. par tonneau et par jour (Havre,
19 mars 1860; Jur. Hav. 60. 1. 73.) — De même le capitaine en
faute doit être condamné non seulement au coût des réparations ou avaries matérielles, mais encore à une indemnité
pour la privation de jouissance que les réparations entraî-
nent (Marseille, 11 novembre 1859; Jur. Mars. 59. 1. 332.) —
Le capitaine du navire abordant, responsable de la perte d'un
navire par suite de sa faute, qui a causé l'abordage, doit
payer, outre la valeur du navire perdu, tant les frais du sau-

vetage fait régulièrement, quoique demeuré infructueux, que l'indemnité pour la perte du fret et des bénéfices résultant de la cessation du service auquel le navire abordé et perdu était employé (Marseille, 1er juin 1859 ; Jur. Mars. 59. 1. 215). L'indemnité pour privation de jouissance peut être fixée à l'intérêt, au taux légal, de la valeur capitale du navire, pendant la durée des réparations (Marseille, 23 mai 1856 ; Jur. Mars. 56. 1. 183). Le préjudice matériel résultant de l'impuissance des réparations à rendre au navire l'unité de construction et la solidité qu'il réunissait avant son abordage doit être compris dans le dommage que l'art. 407 met à la charge du capitaine abordant (Bordeaux, 16 juillet 1856 ; Jur. Mars. 56. 2. 164). Il est inexact de dire, en se fondant sur l'art. 1151 c. nap., que la réparation de ce qui est le résultat direct de l'évènement est la seule indemnité due (Havre, 12 janvier 1857 ; Jur. Mars. 57. 2. 49).

225. — La fin de non-recevoir édictée par les articles 435 et 436 c.com. s'applique au cas d'avaries causées en cours de navigation par un navire remorqué dans l'abordage d'un navire non remorqué, arrivé par la faute du navire remorqueur. Il n'est pas nécessaire que l'abordage ait lieu *directement*, c'est-à-dire que le remorqueur responsable prenne part à la collision. Il suffit que l'action ait pour fondement un fait d'abordage (Rennes, 17 août 1857. — Cassation, 17 novembre 1858 ; S. V. 59. 1. 728).

226. — Le navire remorqué obéit nécessairement à l'impulsion du bateau remorqueur et abdique forcément la liberté de ses mouvements, par l'effet de la marche suivie par le remorqueur. Dès lors, si le navire remorqué, bien qu'ayant un pilote à bord, éprouve une avarie en touchant un autre navire, il y a présomption qu'il n'a reçu ce dommage que par la marche suivie et l'impulsion donnée par le bateau remorqueur qui, par suite, est seul responsable de l'avarie (Marseille, 4 novembre 1858 ; Jur. Mars. 58. 1. 388. — Havre, 19 mars 1860 ; Jur. Mars. 60. 2. 82). Le capitaine du navire remorqué, subissant la force qui l'entraîne, ne serait en faute

8

qu'autant qu'il ferait par lui même, et en dehors de l'action du remorqueur, une manœuvre qui le jetterait sur le bâtiment abordé (Rouen, 15 janvier 1846 ; S. V. 47. 2. 347).

227. — Le remorqueur qui conduit plusieurs navires commet une faute en voulant dépasser un convoi qu'il rencontre dans une passe, il est par suite responsable de l'abordage qui est la conséquence de sa manœuvre (Havre, 1859; Jur. Nant. 59. 2. 39). Le remorqueur est responsable des avaries causées par sa faute aux navires qu'il traîne à sa suite. Spécialement si les navires remorqués viennent à s'aborder entr'eux, par suite de la rupture des amarres fournies par le remorqueur et qui étaient en mauvais état ; ce dernier doit être condamné à réparer les dommages matériels soufferts dans l'abordage et à payer les dommages-intérêts ou surestaries pour le chômage des navires pendant la durée des réparations (Havre, 19 mars 1860 ; Jur. Mars. 60. 2. 82).

228. — Le navire *remorqué* par un bateau à vapeur et participant dès lors de la vitesse et facilité de direction propres à ce dernier, doit lui être assimilé relativement au bâtiment naviguant sous voiles. Partant, il lui incombe d'éviter les voiliers ou de s'arrêter en temps utile ; et, en cas d'abordage, il y a contre lui présomption de faute. Et cette présomption se change en preuve si le capitaine s'est écarté de la règle consacrée par l'expérience de mouiller l'ancre à l'entrée du port, avant de porter l'amarre à terre. En conséquence, le capitaine est responsable des manœuvres qu'il fait à ses risques et périls en opposition avec les us et coutumes de la mer, qui prescrivent de ralentir la marche de leurs navires à l'entrée des ports et bassins (Anvers, 27 novembre 1863 ; Jur. Anv. 64. 1. 100).

229. — *Port de Dunkerque.* — Les compagnies de remorquage sont astreintes à des règles de sûreté et de prévoyance qui ne doivent jamais faire défaut. Voici les règles générales du remorquage à Dunkerque ainsi que les devoirs des remorqueurs. (V. n° 217).

230. — *Règles générales.* — Lorsque deux ou plusieurs navires sont remorqués ensemble, chacun d'eux participe au minimum à payer proportionnellement à sa jauge. Lorsque, dans une remorque de plusieurs navires, il se trouve des navires étrangers non assimilés, le calcul de la somme à payer par ces navires se fait en leur appliquant le prix des navires français, mais en augmentant leur jauge légale de moitié. Les bâtiments et navires militaires paient les droits d'usage comme les navires de commerce de leur nation, ils ont pour le remorquage la priorité sur les autres navires. Les bateaux armés pour la pêche au poisson frais ne seront admis à se servir de remorqueur que lorqu'il sera possible de le faire sans nuire au remorquage des autres navires, qui auront toujours la priorité sur eux ; les droits d'usage pour ces bateaux seront réduits de moitié, tout en conservant les minima ; néanmoins, ces minima ne seront à leur charge que si la remorque ne comprend que des bateaux de leur catégorie ; dans le cas contraire, le prix payé par les pêcheurs viendra seulement en déduction du minimum à payer par les autres navires, réglé comme s'ils étaient seuls. Tout capitaine de navire qui, s'étant fait inscrire pour prendre son tour de remorquage, renoncera, par un motif quelconque, à en profiter, payera à la chambre de commerce à titre d'indemnité, une somme égale au 1/4 du droit d'usage pour le minimum de parcours calculé d'après le tonnage de son bâtiment; cette indemnité sera égale à la moitié du même droit s'il attend que le remorqueur ait déjà chauffé pour faire connaître qu'il ne s'en servira pas.

231. — Les services extraordinaires rendus à la mer, dans le chenal ou dans les bassins, donneront lieu à une rétribution particulière et indépendante des droits de remorquage, qui sera déterminée à l'amiable ou fixée par le tribunal de commerce. Du reste, ces services ne seront pas obligatoires. (Art. 2.)

232. — *Devoirs des remorqueurs.* — La chambre de commerce doit constamment tenir équipé, chauffé et prêt à pren-

dre la mer, dès qu'il sera à flot, un bateau remorqueur pourvu
d'un appareil à vapeur qui puisse produire sur le bateau un
travail effectif de 120 chevaux, c'est-à-dire un travail brut sur
les pistons de treize mille kilogrammètres au minimum. —Au
bateau, elle pourra en joindre un ou plusieurs autres de force
moindre. Elle sera tenue, d'ailleurs, d'opérer, dans le nombre
et la force des bateaux à vapeur employés au remorquage,
les augmentations que l'administration jugera nécessaires
pour satisfaire aux besoins du service. La fourniture de ces
remorqueurs en nombre suffisant et *leur entretien en bon état
seront, dans tous les cas, à sa charge* (art. 4). La longueur du bateau remorqueur, mentionnée au commencement de l'article
précédent, sera au minimum de 30 mètres de tête en tête ;
son tirant d'eau à pleine charge, sera au maximum de deux
mètres (Art. 5). V. nᵒˢ 219. 233. 235. 238. 247.

233. — Chaque bateau remorqueur *sera constamment
pourvu de toutes les pièces de rechange nécessaires pour éviter
les chômages autres que ceux qui pourraient être occasionnés
par des accidents de force majeure* (art. 6). Un pilote présenté
par la chambre de commerce et agréé par le préfet du département, sur l'avis de la commission de surveillance des
bateaux à vapeur, fera partie du personnel de chaque bateau ;
il sera payé par la chambre (art. 7). V. nᵒˢ 219. 238. 247.

234. — A l'effet de rendre facile et satisfaisante l'exploitation du service du remorquage, des places spéciales pourront être accordées dans le port de décharge, à la chambre
de commerce, par arrêté du préfet du département, pris sur
l'avis des ingénieurs. Elle sera d'ailleurs tenue d'avoir un
bureau situé à proximité du port, et dans lequel il sera tenu
un registre à souche pour l'inscription des tours de remorquage basés sur les tirants d'eau (art. 8).

235. — *Les bateaux remorqueurs devront constamment être
pourvus de tous les cordages nécessaires pour la remorque, ils
seront tenus de les fournir gratuitement et d'en avoir de rechange en nombre suffisant pour remplacer ceux qui viendraient à casser* (art. 9). V. nᵒˢ 219. 238. 247.

236. — Dans le cas où tous les bateaux remorqueurs de la
chambre de commerce seraient déjà sortis et où le besoin
d'un remorqueur supplémentaire se ferait sentir, soit à raison du mauvais temps, soit par l'apparition en vue du port
d'un bâtiment en détresse, la chambre devra s'entendre avec
les propriétaires des bateaux à vapeur existant dans le port
pour pourvoir rapidement à ce service imprévu (art. 10).

237. — Lorsque plusieurs navires demanderont à être remorqués ensemble, c'est le capitaine du remorqueur qui
en déterminera le nombre, de concert avec les pilotes des
navires à remorquer (art. 11). Les capitaines de navires à
remorquer, soit à l'entrée, soit à la sortie, paieront le prix du
remorquage dans les mains du capitaine du remorqueur, qui
leur délivrera en échange une quittance extraite du registre à
souche dont il sera toujours pourvu. Ils auront le droit de
renvoyer leurs pilotes par la voie du remorqueur et sans frais
(art. 12). La perception des droits fixés à l'entrée des
navires se fera sur la présentation du rôle d'armement, au
moyen du congé de la douane pour le tonnage de jauge
légale et du manifeste, après vérification de la douane pour
le tonnage des marchandises (art. 13). — Passons maintenant
aux statuts publiés par les compagnies de remorquage du
Havre et de Rouen.

238. — *Remorquage de la Seine.* — En aucun cas, le bateau remorqueur, son propriétaire ni aucune des personnes
composant son équipage, ne seront responsables des évènements de *quelque nature qu'ils soient* que pourra éprouver le
navire remorqué pendant la durée du remorquage, ou avant
ou après le remorquage, et *notamment* sans que les cas spécifiés dérogent en rien à la généralité du présent article, de
tout dommage résultant d'échouement et *d'abordage.* — En
conséquence, aucune action principale ou recursoire ne
pourra être exercée contre le capitaine ou le propriétaire du
bateau à vapeur, lesquels, au contraire, auront, dans tous
les cas, recours et garantie contre le capitaine et les propriétaires du navire remorqué, de toutes les condamnations qui
pourraient être prononcées directement contre le remorqueur

au profit des navires auxquels l'abordage du remorqué aurait occasionné des avaries; *il en sera ainsi, lors même que le capitaine ou les propriétaires du navire remorqué ou de son chargement, allégueraient et prétendraient prouver que l'évènement et le dommage ne seraient arrivés que par la faute du remorqueur, ou de quelqu'une des personnes qui se trouvaient à bord,* les présentes conditions ayant pour but et pour effet de déroger, à l'égard du remorqué et en faveur du bateau à vapeur, *aux dispositions des articles 1382 et suivants du Code civil, 407, § 2 et 3 du Code de commerce,* ainsi qu'à toutes autres dispositions de la loi en vertu desquelles une responsabilité quelconque pourrait peser sur le remorqueur, son capitaine ou ses propriétaires. Ces conditions seront également applicables aux bâtiments qui réclameraient un remorqueur au moyen d'un signal, ou qui recevraient la remorque, soit en rade, soit en rivière, et qui, par cette raison, n'auraient pas préalablement signé les présentes conditions, leur acceptation résultant du seul fait de l'acception de la remorque et de la publicité qui pourra être donnée auxdites conditions, tant par la voie des journaux que par la voie d'affiches à la Bourse et autres lieux publics des villes du Havre, Honfleur et autres (art. 1). V. nos 218 à 222, 232, 235.

239. — Le prix du remorquage sera payé par tonneau de mille kilogrammes, sauf le cas où le poids total du chargement fournira un tonnage inférieur à celui de la jauge légale du navire remorqué, auquel cas le remorquage sera payé par tonneau de jauge légale. Ce prix, qui pourra être variable, sera celui arrêté par procès-verbal de la Compagnie, dont le tableau sera affiché dans ses buraux, et un exemplaire remis au capitaine sur sa demande. — Le bateau destiné à faire le remorquage du navire engagé ou non, pourra, tant au départ que route faisant, être remplacé par tout autre, et même par un bateau n'appartenant pas à la Compagnie, et sans que le capitaine du navire puisse s'y refuser, ni prétendre à aucune indemnité pour ce fait. Le capitaine du navire sera tenu, à son arrivée à Rouen, de fournir au propriétaire du remorqueur, par son courtier

ou par son représentant, à défaut de courtier, un état authentique du poids de son chargement total. Si les parties ne
sont pas d'accord sur le poids total porté en cet état, la
constatation ou vérification dudit poids aura lieu aux frais
du navire remorqué (art. 2).

240. — Lorsqu'un navire remorqué sera laissé dans une
partie quelconque de la route, par suite d'échouement, de
vents contraires, de marée baissante ou de tout autre empêchement, accident ou disposition jugée convenable par le remorqueur, le navire remorqué paiera le remorquage, seulement en proportion de la route parcourue et le remorqueur
n'aura pas l'obligation de revenir le rechercher à une marée
subséquente (art. 3).

241. — Tout capitaine de navire, avant d'être remorqué,
sera tenu de déclarer le tirant d'eau exact de son navire. *Si
la déclaration est fausse, le prix du remorquage sera dû pour
la distance arrêtée, comme si elle avait été parcourue, sans préjudice des dommages-intérêts, et de la responsabilité des événe-
ments résultant de cette fausse déclaration.* Le remorqueur
pourra refuser de prendre à la remorque tout navire tirant
plus de trois mètres à la mer correspondant à trois mètres
cinquante quatre millimètres en rivière (art. 4).

242. — Lorsqu'un navire étant échoué en rivière, *et ayant
son équipage à bord*, le chef du pilotage de Quillebeuf ou
toute autre personne réclamera le secours du remorqueur,
le navire secouru paiera comme suit : à raison de 3 francs
par tonneau, s'il est mis à flot et en posée ; à raison de 2
francs, s'il n'est pas mis à flot, ou si, apres y avoir été mis,
il reprend terre. Lorsque le travail du remorqueur se fera
pendant la nuit, le prix payé sera de 4 francs 50 centimes
dans le premier cas, et de 3 francs 50 centimes dans le second cas (art. 5).

243. — Lorsqu'un navire, étant échoué en rivière, et
n'ayant pas son équipage à bord, ou se trouvant en détresse,

sera secouru par le remorqueur, soit que le secours ait été
demandé, ou porté spontanément, le prix du secours porté
au navire sera taxé extraordinairement par le tribunal de .
commerce de Rouen, sur le rapport du chef du pilotage de
Quillebeuf (ou de tout autre officier), certifiant le travail
opéré de jour ou de nuit, et, dans aucun cas, le prix ne devra être moins de 4 francs par tonneau (art. 6).

244-245. — Tout secours réclamé, dont un navire ne fera
pas usage, sera payé au remorqueur comme s'il avait mis le
navire à flot et en posée. *Le Remorqueur aura toujours le
droit de se refuser à tout travail qui lui présentera dànger
pour lui-même et dont il sera jugé, même après engagement*
(art. 7).

246. — Le prix du remorquage, quel qu'il soit, sera payable
comptant, écus, et pourra être exigé avant le remorquage,
sauf le cas où le capitaine ou le propriétaire du remorqueur
consentiront à recevoir le bon du capitaine remorqué, payable à vue par le courtier ou le consignataire du navire, à l'ordre dudit propriétaire du remorqueur (art. 8).

247. — Les grelins nécessaires au remorquage seront fournis par le navire à remorquer. Ces grelins devront être très
solides, parce que s'ils viennent à casser, le remorqueur ne
sera pas tenu de manœuvrer pour reprendre le navire en dérive. Ledit navire paiera alors suivant la route parcourue. Si le
remorqueur consent à fournir lui même ses grelins, ils lui
seront payés comme il est stipulé au tableau des prix de
remorquage, *et s'ils viennent à casser, le navire remorqué
ne pourra rien exiger pour la cessation du remorquage ou de
ses conséquences.* Le remorquage du navire sera payé à raison de la distance parcourue. Il ne sera rien dû pour l'usage
des grelins du remorqueur ainsi rompus, si ce n'est dans
le cas où la rupture des grelins sera causée par l'échouement
du navire remorqué. Les sorties de port de navires montant
la rivière, autres que ceux qui, la veille du remorquage, se
seront fait sortir sur rade pour monter le lendemain, seront

payées le même prix que celui des grelins qui seraient fournis, et dans la proportion du tonnage (art 9). V. n°ˢ 219 à 222.

248. — Il n'est pris, par le présent, aucune obligation absolue, directe ou indirecte, et le remorqueur ne peut être
contraint par qui que ce soit, autre que son propriétaire, de
remorquer tel ou tel navire, soit à partir d'un port ou d'une
posée ou échouement quelconque, soit route faisant, à moins
qu'il y ait eu préalablement convention, promesse, engagement de l'armateur du remorqueur ou de son capitaine, ou
inscription à cet effet du navire à remorquer, chez les propriétaires du remorqueur. Le propriétaire du remorqueur,
même après engagement pris, n'est pas responsable des circonstances de tous genres qui pourraient porter obstacle au
remorquage promis (art 10).

249. — Des registres d'inscription pour les navires à remorquer sont tenus par le propriétaire du remorqueur, à ses
bureaux pour les navires montant, et à Quillebeuf ou à bord,
pour les navires descendants, et l'ordre suivant sera observé
dans l'exécution du remorquage: Le navire le plus grand ou
du plus grand tirant d'eau aura toujours la priorité pour monter ou descendre la rivière, quel que soit le rang de son inscription pour les grandes mers de pleine et nouvelle lune,
à moins, cependant, que jour et ordre de départ n'aient été
donnés à un autre, même de moindre dimension, auquel
cas, ce remorquage devra être effectué avant tout. Les ins-
criptions d'un même jour ne donneront rang que suivant
l'importance du tonnage et du tirant d'eau de chaque bâtiment. Il faudra au moins une différence de 30 tonneaux,
et tirer plus d'eau, pour pouvoir réclamer la priorité sur un
autre. Tout navire qui, après l'inscription, ne serait pas prêt
à faire route le jour fixé, cèdera son tour au suivant. Les
allèges du Havre et d'Honfleur prennent tour de remorquage
après les navires venant de la mer (art. 11).

250. — Tout capitaine qui aura réclamé le remorquage,
aura été inscrit et aura reçu ordre de se tenir prêt pour

un jour fixé, et qui voudra profiter d'un vent favorable et ne
pas se servir du remorqueur, paiera 1 francs 50 centimes
par tonneau, et sera tenu d'en prévenir le propriétaire. Dans
le cas où le remorqueur se serait mis en route pour être
à sa disposition, et qu'il ne s'en servirait pas, il devra payer
2 francs du tonneau. Dans le cas où le remorqueur, une
fois rendu, ne pourrait exécuter le remorquage à la première
marée pour cause de brume ou de toute autre de force majeure, indépendante des navires à remorquer, il sera tenu
d'attendre, pour l'effectuer, s'il est possible, le jour suivant.
Si, le second jour, le travail ne pouvait avoir lieu par les
mêmes ou autres causes du même genre, alors le remorqueur
serait libre après la marée de ce dernier jour, à moins qu'une
juste indemnité, stipulée de gré à gré entre les capitaines respectifs, ne fasse renouveler l'engagement pour un ou plusieurs jours suivants. Dans le cas où le navire, partant d'un
port ou d'une posée quelconque, éprouverait des avaries ou
accidents qui empêcheraient de le prendre à la remorque, ce
navire paierait 1 franc du tonneau, et le remorqueur serait
libre (art. 12). Les parties déclarent, pour toutes les discus-
sions et contestations sur l'exécution des présentes et de leurs
suites relativement à la montée et à la descente en Seine,
ainsi qu'à l'entré ou sortie des ports du Havre et d'Honfleur,
se rendre justiciables du Tribunal de Commerce du Havre, et
à cet effet, elles font élection de domicile : l'entreprise, dans
ses bureaux, et le capitaine, à son bord (art. 13). Les cas
non prévus aux présentes conditions seront jugés par analogie et dans le sens le plus favorable à la Compagnie de remorquage (art. 14).

251. — Il est du devoir du commerce d'encourager les
secours à donner aux navires en détresse, en allouant des
indemnités proportionnées tant aux sacrifices matériels
qu'aux dangers courus (Marseille, 21 septembre 1844, 24
mars 1845 ; Jur. Mars. 45. 1. 15 et 125). Effectivement, le
remorquage opéré dans des conditions exceptionnelles mérite une rétribution supérieure à celle du remorquage ordinaire. La rémunération doit se mesurer à la difficulté de

l'entreprise à raison du temps et de l'état de la mer et à l'importance du service rendu. (Havre, 11 avril 1859 ; Jur. Hav. 59. 1. 87). La condamnation pour les indemnités allouées peut être prononcée contre le capitaine et les consignataires par privilége sur le navire, le fret et la cargaison, (Havre, 2 juillet 1852 ; Jur. Hav. 55. 1. 1), sans qu'il soit besoin d'appeler en cause les armateurs et chargeurs, puisqu'en cours de voyage ils sont légalement représentés par le capitaine (Marseille, 21 septembre 1844 ; Jur. Mars. 45, 1. 15).

252. — Lorsque des remorqueurs concourrent par la puissance de leurs bateaux et par les dangers de l'entreprise *au sauvetage d'un navire trouvé en mer naufragé et abandonné*, ils ont droit de revendiquer collectivement avec les inventeurs le titre et la qualité de sauveteurs, et de prendre *part au tiers* attribué par l'art. 27 t. 9, l. 4, ord. 1681 (Rouen, 2 décembre 1840 ; S. V. 41. 2. 38). Quand il ne s'agit pas de *sauvetage proprement dit*, il serait regrettable et contraire aux mœurs françaises d'introduire dans notre pays les usages des côtes voisines mais inhospitalières sur lesquelles le sauvetage est devenu une industrie, le moindre danger un désastre, et l'assistance plus périlleuse que le péril lui-même (Caen, 5 février 1859 ; Jur. Hav. 59. 2. 48). Voilà pourquoi le bateau à vapeur qui, appelé par un navire en détresse, délaisse sa route pour donner une remorque et sauve du danger le navire en péril, n'a droit qu'au remboursement des frais faits pour le sauvetage (art. 24. ord. 1681) ; mais dans ces frais entre nécessairement une large indemnité proportionnée au service rendu (Havre, 9 février 1857 ; Jur. Hav. 57. 1. 23). Les tribunaux sont appréciateurs souverains des quantum de l'indemnité (Havre, 2 juillet 1852 ; Jur. Hav. 55. 1. 1) dans laquelle doit toujours entrer la perte faite et le gain dont le remorqueur a été privé (1149 c. nap.). Si le bateau remorqueur *n'a jamais droit à l'indemnité du tiers* de la valeur des objets sauvés des périls de la mer, non pas seulement lorsqu'il s'agit d'un simple remorquage d'un navire non sérieusement en détresse (Marseille, 26 janvier

1855 ; Jur. Mars. 15. 1. 41), mais même lorsqu'il s'agit du renflouement d'un navire échoué ou abandonné près des côtes (Marseille, 3 juillet 1857 ; Jur. Mars. 57. 1. 195), on doit cependant payer au capitaine, à l'équipage et à l'armement du navire qui porte secours, la récompense du service rendu, indépendamment des avaries, des frais de relâche et autres (Rouen, 7 janvier 1853 ; Jur. Hav. 55. 1. 3).

253. — Le bateau remorqueur peut s'affranchir des fortunes de mer par une clause formelle ; en conséquence si, pour le bien et le salut commun, il est forcé, par les évènements de la navigation, de couper les remorques et de laisser à l'abandon le navire remorqué, sa responsabilité ne saurait être engagée soit directement, soit indirectement ; mais il doit supporter la perte des remorques qui ont été coupées s'il s'était engagé à les fournir (Aix, 20 avril 1842 ; Jur. Mars. 42. 1. 265).

254. — Dans une assurance portant sur un chaland à *remorquer* sur mer jusqu'au lieu de sa destination pour naviguer dans les eaux tranquilles d'un port ou d'une rivière, la nature seule de l'objet assuré suffit pour indiquer aux assureurs qu'il leur offre un risque d'un genre spécial. Si le remorqueur a stipulé que son fret lui serait payé dans tous les cas, ce n'est point là une circonstance tenant à l'objet assuré et qu'on soit tenu de déclarer aux assureurs (Marseille, 10 novembre 1858 ; Jur. Mars. 59. 1. 23).

255. — Le prix du remorquage, surtout s'il a eu lieu à forfait, doit être payé, même en cas de perte (302 c. com.) du navire remorqué, ne procédant pas de la faute du bâtiment remorqueur. En effet, l'affrètement d'un navire ou de tout autre bâtiment de mer pour le transport des marchandises, ne peut être complètement assimilé *à la location d'un remorqueur*. Dans le premier cas, la marchandise à transporter est entièrement confiée à la foi du capitaine, qui peut et doit exercer sur cette marchandise, dès qu'elle est venue à son bord, une surveillance incessante pour sa garantie de

toute perte et même de toute avarie ; tandis que dans la deuxième hypothèse, *le capitaine du bateau à vapeur qui s'engage
à remorquer un navire, ne fait que prêter sa force motrice à
une embarcation qui en est dépourvue.* Le navire, indépendamment qu'il se trouve toujours forcément à distance du
remorqueur, *doit, comme tout autre navire et alors même qu'il
est remorqué, être dirigé* par son propre équipage, qui est
spécialement chargé de veiller à sa conservation (Cassation,
5 mai 1855 ; S. V. 55. 1. 622). Décidé que l'art. 302, d'après
lequel aucun fret n'est dû pour les marchandises perdues à
bord, n'est pas applicable au prix convenu pour le remorquage d'un navire ; ce prix est acquis au remorqueur, quoique le navire remorqué ait péri dans le cours du voyage.
(Montpellier, 5 mars 1859 ; Jur. Mars. 59. 2. 43.)

256. — Il est en usage sur la place de Rouen, que les
frais du remorquage, depuis les ports du Havre, d'Honfleur
jusqu'à Villequier, doivent être répartis et supportés à raison
d'un tiers pour le navire, et les deux tiers pour la cargaison.
Ce qui a été l'origine et la base de cet usage est une délibération de la chambre de commerce de Rouen du 11 juillet
1828 (Jur. Hav. 43. 2. 25) ; qui a émis l'avis qu'il était dans
l'intérêt général du commerce d'opérer ainsi la répartition
des frais de remorquage à l'embouchure de la Seine, en tant
toutefois que ces frais n'excéderaient pas trois francs du
tonneau en totalité (Rouen, 3 avril 1843 ; Jur. Hav. 43. 2.
100). Mais la chambre de commerce n'a pu, en attribuant
les deux tiers des frais de remorquage au chargement, entendre que ces deux tiers pèseraient en entier sur telle minime
portion du chargement primitif restée à bord après allè-
gement au Havre. Au contraire, elle a indiqué des limites
aux frais généraux de remorquage qu'elle a fixés, pour les
réclamateurs, à trois francs du tonneau *en totalité*, sans toutefois prévoir la question du plus ou moins plein du navire,
après allégement ; les deux tiers doivent porter *aussi bien
sur le vide fait pour s'alléger* que pour les marchandises res-
tées à bord (Rouen, 7 avril 1843 ; Jur. Hav. 43. 2. 99). Si
les remorqueurs exigent des capitaines un supplément pour

la sortie du port du Havre, ce supplément ne doit être considéré que comme une augmentation au prix de remorquage du Havre à Villequier, s'il se trouve au-dessous de trois francs, prix maximum fixé par la chambre de commerce (Rouen, 3 avril 1843 ; Jur. Hav. 43. 2. 100). On peut déroger à l'usage et stipuler au profit des chargeurs que la cargaison sera rendue à Rouen, moyennant un fret net de tous frais de rivière et de remorquage.

257 à 260. — Le remorquage ayant été établi dans l'intérêt commun de la marchandise et du navire, les frais qui en sont la conséquence ont été, par une saine appréciation, regardés comme des avaries communes et mises à la charge du réclamateur et du chargeur. Il est d'usage constant et accepté par tous les commerçants que la *moitié* de ces frais est dûe par les *chargeurs, toutes les fois qu'une convention particulière ne les en a pas exemptés*. En stipulant que les *frais de rivière* pèseraient sur l'armement seul, le chargeur ne peut s'affranchir des *frais du remorquage*. Pour qu'il en soit autrement il faut que, soit la charte-partie, soit le connaissement, mettent *nommément* à la charge du capitaine les frais du remorquage (Rouen, 14 juillet 1858 ; Jur. Hav. 58. 2. 275).

§ 8. — *Protestations légales*. (261 à 292.)

261. — La protestation est l'acte fait à la requête du capitaine du navire qui a souffert d'un abordage, soit dans son corps, soit dans sa cargaison. Cet acte doit être signifié par huissier (art. 8 édit. 1778. — déc. 22 août 1791. — Circ. 29 mai 1843 ; Rouen, 2 mars 1842; D. P. 42. 2. 93.) dans le délai de vingt-quatre heures (435 à 436 c. com. ; 1030-1037 c. pr.) à l'auteur réel (Rennes, 9 août 1851 ; — Bordeaux. 14 mai 1847) ou présumé (Sibille, n° 135) de l'abordage ; à la personne du capitaine ou à son bord (68. 419. c. pr. — Cass. 26 déc.1835.) et à défaut au parquet (Aix, 22 janvier 1862 ; Jur. Mars. 62. 1. 17.) et dans certains cas à la mairie du lieu

de l'abordage (Nantes, 9 septembre 1851 ; 4 février 1852 ; Sibille, n°s 162. 163 ; — Cassation, 17 novembre 1858 ; Jur. Hav. 59. 1. 239 ; S. V. 59. 1. 728. ; P. 59. 600) avec déclaration qu'on proteste contre tout ce qui est à protester et qu'on rend l'auteur de l'abordage responsable envers tous les intéressés au navire et au chargement (296 c. com. ; 1732, 1782, 1784, 1952, 1953 c. nap.) de toutes les avaries sur corps et facultés.

262. — Les avaries sont précisées sommairement dans leur nature, leur cause et leur importance, mais sans forme sacramentelle et par un seul acte qui profite à tous les intéressés au navire et au chargement, c'est-à-dire aux propriétaires, affréteurs, armateurs, chargeurs, assureurs, et même tacitement aux consignataires (1372 c. nap. ; Rennes, 3 août 1832 ; S. 32. 2. 547.) puisque le capitaine est le mandataire légal et forcé de tous les ayant-droit (216, 222, 230, 238, 296 et 394 c. com.).

263. — Le délai pour protester est de vingt-quatre heures (436 c. com.). Il se compte *de momento ad momentum* et non *de die ad diem.* (Sic. cassation, 5 janvier 1809 ; S. V. 13. 1. 131 ; — Troplong, 2. 814. *Contra* Emerigon, 2. 336 ; — Bordeaux, 20 novembre 1846.) Il y a lieu, dans certains cas, à l'augmentation des délais à raison des distances (1033. 1030. 1037 c. pr. V· n°s 271. 272. 303.) mais le délai est fatal et ne souffre que l'exception tirée de l'impossibilité ou de l'impuissance d'agir. (Voyez n°s 265. 273. 276. 297 à 325). Par exemple, lorsque le capitaine est en pleine mer, la maxime *contra non valentem agere non currit prescriptio* est nécessairement applicable, et les tribunaux apprécient souverainement l'impuisance d'action (Rouen, 2 mars 1842. D. p. 42. 2. 93 ; — Dalloz, n°s 2293 et 2300. Voyez n°s 13. 93. 102. 297 á 325.)

264. — Le capitaine dont le navire a été abordé en mer par un autre navire qui s'est éloigné sans avoir été reconnu ne doit pas se contenter de raconter les circonstances de l'a-

bordage, en faisant son rapport de mer le jour de son arrivée devant le tribunal de commerce du premier port où il touche, mais annoncer son intention de réclamer une indemnité contre l'auteur du préjudice, dès que celui-ci pourrait être connu, et faire constater, en attendant, l'ignorance où il se trouve à cet égard, avec réserve de tous ses droits. Cette utile précaution sauvegarderait ses intérêts et donnerait plus de force à son exception d'ignorance du nom du navire et de son capitaine et ferait nécessairement rejeter la fin de non-recevoir qu'on voudrait tirer de son inaction (Aix, 2 février 1858 ; Jur. Mars, 58. 1. 56 ; S. V. 59. 2. 109 ; P. 58. 901).

265. — Décidé d'un autre côté que pour établir l'impossibilité d'agir, le capitaine prétexterait vainement qu'il ne connaissait ni le nom du défendeur ni celui du navire ; qu'effectivement, les noms des navires étant écrits à la poupe, suivant la loi, il lui était facile de connaître le nom dont il avait besoin pour former sa réclamation ; qu'au reste il n'a pas besoin nécessairement de connaître immédiatement ce nom, puisque l'essentiel est, pour l'exécution de la loi, de fixer par écrit les avaries souffertes de déclarer qu'il réclamait au sujet de ces avaries, et de signifier sa réclamation *au maire du lieu*, en cas d'absence ou d'éloignement du navire qui avait fait l'abordage, sauf à former plus tard sa demande en justice (Rennes, 28 novembre 1836 ; Sibille, 179).

266. — Décidé par la cour de cassation elle même que, si l'art. 68 c. pr. combiné avec l'art. 78 c. pr. exige que toute signification soit faite à peine de nullité à personne ou à domicile, cette disposition est inconciliable avec la célérité que l'art. 435 c. com. impose pour la validité de la protestation qu'elle prescrit ; que cette protestation est régulièrement signifiée au capitaine auteur de l'abordage, soit à bord soit à personne ; et, si comme dans l'espèce, le navire a quitté son ancrage et ne peut être retrouvé, ladite signification est valablement faite d'après les dispositions du même article au maire du lieu où le capitaine se trouvait avec son

navire avant le départ. (Cassation, 17 novembre 1858 ; Jur. Hav. 59. 1. 239 ; S. V, 59. 1. 728 ; P. 59. 600).

267. — Si un abordage a lieu le samedi et que le lendemain dimanche le capitaine, après avoir obtenu du juge la permission nécessaire pour instrumenter un jour férié, (1037 c. pr.) fasse consigner les protestations et réclamations dans un acte d'huissier, et qu'en outre l'officier ministériel constate dans son exploit qu'il s'est transporté sur le quai pour y chercher le navire abordeur et son capitaine, et qu'après avoir reconnu leur absence il notifie au maire du lieu de l'abordage qui vise l'original et reçoit copie, il n'est pas douteux que cette notification satisfasse au vœu du législateur. Effectivement la loi, à raison du court délai qu'elle impartit, n'exige pas qu'on signifie à personne ou à domicile, selon les formes ordinaires des ajournements. Cette signification peut facilement parvenir au capitaine et à l'armateur. D'ailleurs la signification donne aux protestations et réclamations la date authentique qui est principalement le but des dispositions des articles 435 et 436. (Rennes, 17 août 1857 ; Jur. Mars. 58.2.98 ; Aix, 18 février 1864 ; Jur. Mars. 64.1.7).

268. — La fin de non recevoir fondée sur la *tardivité* de la protestation ne peut plus être opposée si on a consenti à la preuve des faits articulés et même conclu au fond ; à plus forte raison elle doit être repoussée lorsque, n'ayant pas été expressément cotée en première instance, elle se produit nettement pour la première fois devant la Cour (Rennes, 14 janvier 1858 ; Jur. Mars. 58. 2. 102). Décidé également que la fin de non-recevoir tirée du défaut de prôtet est couverte par la discussion au fond (Anvers, 7 janvier 1864 ; Jur. Anv. 64. 1. 138).

269. — Cette opinion nous paraît contraire aux véritables principes. Sans doute on doit généralement proposer *in limine litis* la fin de non-recevoir ; mais quand cette fin de non-recevoir, loin d'être une exception (173, 186 c. pr.) ordinaire, est véritablement une prescription libératoire cons-

tituant un moyen du fond, pourquoi ne pourrait-elle pas être
opposée en tout état de cause, même devant la Cour impériale ? (2224 c. nap. — *sic* Troplong, t. 1. n° 27 ; Emerigon
2.335. — Sibille, 112.— Pothier, 1293. — Duparc-Poulain, 9.
85. — Arg. cass. 17 novembre 1858 ; Jur. Hav. 59. 2. 239.
S. V. 59. 1. 728 ; P. 59. 600).

270. — Décidé au surplus que l'article 173 c. pr. (dont
on voudrait exciper pour soutenir que le capitaine et les
assureurs, n'ayant pas fait valoir devant les premiers juges
la fin de non-recevoir tirée de l'art. 435, ne sont plus recevables à la présenter en cause d'appel) n'est applicable qu'aux
vices de forme, d'exploits et d'autres actes de procédure ;
mais ne saurait l'être lorsqu'il s'agit d'un droit foncier ou de
l'extinction de ce droit, par le défaut d'usage dans le temps
déterminé par la loi ; que dans ce dernier cas la règle générale qui permet de déduire en cause d'appel les moyens
négligés et omis en première instance, reprend toute sa
force. (Aix, 4 janvier 1820. — Dalloz, n° 2312).

271. — La forme des actes et spécialement la protestation
à faire en cas d'abordage, contre l'auteur du dommage, est
régie par la loi du lieu : *Locus regit actum* (Gand, 2 juillet
1859 ; Jur. Anv. 59. 2. 74). Aussi le capitaine du navire abordé est recevable dans sa demande en indemnité, quoiqu'il
n'ait fait signifier sa protestation qu'après les vingt-quatre
heures, si le retard apporté à la signification provient uniquement des formalités qu'il a fallu remplir d'après la loi du
pays. Mais les fins de non-recevoir de la loi française doivent
être appliquées alors même que c'est un capitaine étranger
qui actionne en France. Donc, s'il n'a pas formé sa demande
en justice dans le mois de la protestation, augmenté du délai
des distances quand l'abordage a eu lieu en pays étranger,
son action est non recevable (Marseille, 8 mai 1861 ; Jur.
Mars. 61. 2. 213. — 59. 1. 145. — 58. 1. 216. — 57. 1. 113.
V. n° 303).

272. — Les articles 435 et 436 c. com. exigent protesta-

tion et signification. La protestation doit être faite [dans les vingt-quatre heures de l'abordage ; toutefois, lorsque l'abordage a eu lieu en pleine mer, la protestation peut être faite dans les vingt-quatre heures de l'arrivée du navire abordé dans le premier port où il arrive, sans qu'il soit besoin d'attérir au port le plus proche. Et cette protestation peut résulter d'un rapport d'avaries par le capitaine au président du tribunal de commerce. — La signification doit également être faite dans les vingt-quatre heures, mais dans le cas où le capitaine n'a pas eu connaissance, au moment de l'abordage, des noms du capitaine ou de l'armateur du navire abordeur, le délai de vingt-quatre heures ne court que du moment où le capitaine abordé a su à qui il devait signifier la protestation. L'article 1033 c. pr. doit être appliqué aux délais des articles 435 et 436 c. com., en sorte que le délai de vingt-quatre heures doit être augmenté du délai légal des distances, lorsque la signification doit être faite loin du lieu où s'est produit l'abordage (Poitiers, 14 janvier 1863 ; Jur. Nant. 63. 2. 119. V. nos 301 et 303).

273. — La fin de non-recevoir n'est pas opposable quand il est constant, en fait, que le capitaine du navire s'est trouvé dans l'impossibilité d'agir ; quand, par exemple, le navire abordant, parti après l'évènement, n'a pu être rencontré (Cassation, 4 mars 1861 ; Jur. Nant. 61. 2. 175. V. n° 330).

274. — Mais le délai de vingt-quatre heures est impératif et commence à courir du moment où le capitaine a pu descendre à terre. Cette fin de non-recevoir doit s'appliquer, même au cas de perte totale. Les délais de la déchéance ne sont pas suspendus par des pourparlers, lorsqu'il est constant que ces pourparlers n'ont pas eu pour but d'arriver à un arrangement entre les parties et qu'ils n'ont pas été tels qu'on puisse en induire un accord tacite de se faire, durant un certain temps, remise des rigueurs de la loi. (Rennes, 2 janvier 1861 ; Jur. Nant. 61. 1. 249. — Havre, 21 juin 1862; Jur. Mars. 63. 2. 38. V. nos 301 et 330).

275. — Le délai de vingt-quatre heures ne doit être compté que du moment où le capitaine a pu agir. Les tribunaux sont chargés d'apprécier si le capitaine du navire abordé justifie avoir fait utilement les diligences nécessaires (Nantes, 9 février 1859 ; Jur. Nant. 59. 1. 287). En cas d'abordage d'un navire, à bord duquel il n'y a ni capitaine ni équipage, le gardien qui s'y trouve a qualité pour faire les protestations nécessaires pour conserver le recours de l'armateur contre les auteurs de l'abordage (Marseille, 20 février 1860 ; Jur. Nant. 60. 2. 143. — Jur. Mars. 60. 1. 18).

276. — Le délai de protestation ne peut être opposé au capitaine du navire abordé, lorsque celui-ci s'est trouvé dans l'impossibilité de faire signifier sa protestation en temps utile. Tel serait notamment le cas, si le navire abordant était en cours de voyage, avait continué sa route et que le capitaine abordé ignorât au juste sa destination. Il suffira alors que ledit capitaine justifie de toutes diligences, pour que sa réclamation parvienne au plus tôt à qui de droit (Anvers, 4 février 1860 ; Jur. Anv. 60. 1. 270. V. n° 330).

277. — La demande reconventionnelle d'abordage n'est pas recevable si elle n'a pas été précédée de protestation signifiée dans le délai de la loi (Gand, 2 juillet 1859 ; Jur. Mars. 59. 2. 74). Mais des réparations partielles faites par le capitaine du navire abordé avant l'expertise contradictoire, ne forment pas obstacle à la demande d'une indemnité pour les avaries souffertes (Anvers, 1er juillet 1858 ; Jur. Anv. 58. 1. 266).

278 à 280. — Le capitaine d'un navire abordé en mer est non recevable à former une demande en indemnité pour les dommages causés par l'abordage, s'il a omis de faire signifier sa protestation dans les vingt-quatre heures de son arrivée en un lieu où il pouvait agir ; et cela quand même le capitaine du navire abordant n'y était ni présent ni domicilié : en pareil cas la signification ne pouvant être faite à personne ou à domicile, doit l'être au parquet du procureur impérial en France, au consulat ou au vice-consulat dans les échelles du levant. — L'absence ou le départ du capitaine du navire abordant ne saurait surtout dispenser le capitaine du navire abordé de faire signifier sa protestation dans les vingt-quatre heures, lorsqu'il existe sur les lieux un agent de la compagnie à laquelle appartient le navire abordant (Aix, 22 janvier 1862 ; Jur. Mars. 62. 1. 17. V. n° 330).

281. — Il est de principe, en matière d'abordage, que le capitaine ou propriétaire du navire qui l'a subi et qui se prétend fondé à réclamer, doit, sous peine de déchéance absolue, et là où il peut agir, faire signifier une protestation dans les vingt-quatre heures accomplis du moment où le sinistre à eu lieu ; telles sont les dispositions des art. 435 et 436 c. com. qui ont voulu empêcher de mettre à la charge du navire abordeur des avaries causées par un autre accident pouvant survenir depuis l'abordage, et donner le moyen de vérifier les allégations des parties pendant que les causes de l'événement sont encore saisissables. (V. n° 330.)

282. — C'est en vain qu'on prétendrait que la déchéance n'est relative qu'aux actions en indemnité pour dommages partiels ou avaries, et que le cas de naufrage ou de perte entière du navire abîmé sous les eaux n'est plus susceptible d'être endommagé par aucun accident ultérieur. Effectivement on ne saurait admettre que le législateur ait employé dans une acception restreinte le mot dommages. Cette expression, dans une acception générique, s'applique aussi bien au naufrage et à la perte entière du navire qu'aux détériorations partielles qu'il peut avoir éprouvées ; d'ailleurs cette interprétation trouve appui dans les art. 369 et 371 c. com. où le mot est pris dans les deux sens et où le législateur l'applique aussi bien au naufrage qu'aux avaries, et dans l'art. 407, où posant le principe de l'indemnité due en cas de sinistre occasionné par l'abordage de deux navires, il donne au mot dommage le sens le plus général. Enfin la disposition finale de l'art. 435, étant conçue dans les termes les plus absolus, doit être considérée comme exclusive de toute distinction.

283. — Au surplus, le législateur, en matière de commerce maritime, a pris soin d'abréger les délais de prescription ou de déchéance, et n'a certainement pas voulu donner à l'action procédant de l'abordage une durée de trente ans : résultat où l'on arriverait forcément s'il était possible de supposer que la prescription du droit commun fût la seule dont serait passible l'action en dommage pour perte totale du navire par suite de l'abordage. Cette hypothèse, démentie par les art. 98, 99, 107 et 108, est d'autant moins admissible qu'après un certain laps de temps, il deviendrait, dans presque tous les cas, extrêmement difficile, sinon impossible, de constater juridiquement les causes auxquelles le sinistre pourrait être attribué et les mauvaises manœuvres de l'un ou de l'autre des navires qui auraient pu l'occasionner.

284. — Décidé en conséquence que la fin de non-recevoir établie par les art. 435 et 436, s'applique, non-seulement lorsque l'abordage n'a causé que de simples avaries, mais également lorsqu'il a causé la perte totale du navire (Rennes, 2 janvier 1861 ; Jur. Nant. 61. 1. 149. — Cassation, 4 mars 1861 ; D. p. 61. 1. 113. — Aix, 12 mai 1857 ; D. p. 58. 2. 13. — *Contra* Savenay, 6 février 1863 ; Jur. Mars. 63. 2. 126. — V. n° 312).

285. — *Jour férié.* — Si l'abordage a lieu le 10, le lendemain 11 étant un jour férié, la protestation a pu être faite valablement le surlendemain 12. Le capitaine ne saurait avoir encouru à cet égard une déchéance qui n'est pas écrite dans la loi. Il y aurait lieu, au contraire, d'étendre par analogie, au cas d'abordage, les dispositions favorables du deuxième paragraphe de l'art. 161 c. com. (Rennes, 14 janvier 1858 ; Jur. Mars. 58. 1. 102).

286. — Jugé cependant, avec une plus rigoureuse interprétation des principes, que la circonstance, que le lendemain du jour de l'abordage est un jour de fête légale, ne peut prolonger le délai que la loi accorde au capitaine, puis-

qu'aux termes de l'art. 1037 c. pr. les significations peuvent être faites un jour de fête légale, en vertu de permission de juge dans le cas où il y a péril en la demeure (Rennes, 28 novembre 1836 ; Sibille 179).

287. — Jugé en outre que, s'il fallait écarter du délai le jour de fête légale pour dire que la déchéance ne peut être opposée à celui qui *dès le premier jour utile* a rempli les conditions exigées (Cassation 28 novembre 1809), il n'en faudrait pas moins réclamer dans le délai de vingt-quatre heures, *en comptant le délai d'heure à heure*, sans pouvoir le faire commencer à courir après l'expiration du jour où l'abordage a eu lieu ; — qu'autrement il pourrait arriver que le délai serait quelquefois de deux jours, dans le cas, par exemple, où l'abordage aurait eu lieu de grand matin ; ce qui serait contraire à la loi qui a fixé clairement un délai d'un nombre d'heures suffisant pour former sa réclamation (id. eod.).

288. — Ainsi, pour se conformer à la lettre et à l'esprit de la loi, dont le *but*, pour la fixation d'un bref délai, est d'éviter les surprises, c'est-à-dire d'empêcher autant que possible que l'on puisse faire considérer comme résultant d'un abordage des avaries qui n'auraient été souffertes qu'après, il faut décider que la réclamation faite par le capitaine abordé le 2 mai, à cinq heures du soir, bien que l'abordage ait eu lieu le 30 avril au matin, est nulle pour avoir été faite après l'expiration dudit délai de vingt-quatre heures : et par conséquent ce capitaine est non-recevable dans son action contre le capitaine abordeur (id. eod.).

289. — S'il est de principe incontestable en droit que les *jours fériés sont compris dans la supputation* des délais qui se comptent par année, par mois et par jour, il en est autrement à l'égard des délais supputés par heures. Il est conforme aux règles générales du droit, en matière de prescription ou de déchéance que les vingt-quatre heures accordées pour faire un acte doivent s'entendre de *vingt-quatre*

heures utiles, et que ce délai cesserait d'être complet alors que le jour férié se trouverait compris dans le délai de vingt-quatre heures accordé par la loi pour faire un acte (Cassation, 17 novembre 1858 ; Jur. Hav. 59. 2. 239· — Jur. Nant. 59. 1. 109 ; S. V. 59. 1. 728 ; P. 59 600).

290. — Donc, encore bien que les art. 63. à 1037 c. pr. permettent exceptionnellement de donner un exploit un jour de fête légale, en vertu de la permission du .président du tribunal, comme cette exception, consacrée seulement pour le cas où il y a péril en la demeure, *ne saurait avoir pour effet d'exiger un acte dont la validité dépendrait d'une autorisation que le magistrat est libre de refuser* ; il s'en suit que l'arrêt qui décide que la protestation faite le 12 janvier pour une avarie arrivée le 10, était faite dans le délai légal, le 11 étant un jour férié, — n'a ni violé ni faussement appliqué les art. 435, 436. c. com. ; — 162 173 et 464 c. pr. ; — 2224, 2225 c. nap. (id. eod. loc.).

291-292. — En présence de l'indécision de la jurisprudence, et pour se mettre plus qu'à devoir, nous croyons que le demandeur ferait bien de notifier ses réclamations même un jour de fête légale, puisque l'exploit n'est pas nul pour cela, mais donne lieu contre l'huissier à une amende de de vingt-cinq francs. — De même la prohibition de faire des significations avant ou après certaines heures déterminées n'emporte point nullité des significations hors de ces limites, l'huissier est seulement passible d'une amende (Cassation 29 juin 1819 ; S. V. 20. 1. 55 ; 26 avril 1839 ; S. V. 39. 1. 867). La difficulté ne naîtrait qu'autant que l'huissier refuserait d'instrumenter un jour férié et aux heures prohibées; mais nous ne pensons pas que sur une réquisition formelle, avec obligation de répondre de toutes les amendes et suites de l'acte, l'huissier refuse son ministère.—Cela n'empêcherait pas de réitérer l'acte le lendemain.

§ 9. — *Actions en indemnité*. (293 à 325.)

293. — L'abordage peut donner lieu à trois actions : 1° à l'action administrative s'il y a eu contravention aux rè-glements d'un port ou de la navigation fluviale (Cassation, 5 janvier 1839 ; D. p. 39. 1. 209 ; ord. 15 août 1839 ; D. p. 40. 3. 61) ; 2° à l'action publique en cas de crime ou de délit (437 c. proc.—loi 10 avril 1825, décr. 24 mars et 26 avril 1852, art. 89) ; 3° à l'action civile en cas de faute délit ou crime du capitaine ; cette dernière se divise et comprend : 1° l'ac-tion *mandati* de la part de l'armateur et 2° l'action *ex con-ducto* de la part des chargeurs.

294. — En ce qui touche l'action résultant de la faute par suite d'un abordage ordinaire, les art. 435 et 436 c. com. dominent la matière ; mais quant à l'action civile résultant d'un abordage délictueux ou criminel, les déchéances du code de commerce ne tiennent point état (Cassation, 17 juin 1847; D. p. 47. 1. 252 ; — Rennes, 17 janvier 1833 ; — Sibille, n°s 97. 98. — Bordeaux, 20 décembre 1853 ; Jur. Mars. 54. 2. 9. — *Contra* Aix, 19 novembre 1852 ; Jur. Mars. 52. 1. 221 ; — Cassation 3 août 1853 ; S. V. 55. 1. 437).

295. — On doit accomplir rigoureusement, même dans le cas d'abordage douteux (Sibille n° 104), les formalités prescrites par les articles 435 et 436 du code de commerce. La clarté de leurs dispositions l'emporte sur celle de l'article 8 t. 12. l. 1 de l'ord. de 1681. — Les motifs de brièveté des délais sont parfaitement précisés par Valin, t. 1. p. 322, et littéralement répétés par Pardessus, t. 3. p. 92, Boulay-Paty, t. 4. p. 609, et Sibille, n° 103. — Les commandements de la loi peuvent être accomplis collectivement par un seul et même acte ou particulièrement par deux actes différents ; effectivement, la protestation est entièrement distincte de l'action.

296. — Les formalités légales sont obligatoires, même pour les capitaines de navires étrangers (Aix, 12 mai 1857 et 18 février 1859 ; Jur. Mars. 57. 1. 123 ; 59. 1. 145) ; il en est de même pour les patrons de barque en rivière dans les limites de l'inscription maritime (Cassation, 20 février 1844 ; D. p. 44. 1. 158 ; 21 janvier 1853 ; — Gazette des tribunaux du 22 janvier 1853), sans qu'il y ait lieu de distinguer la perte entière, soit le naufrage (Aix, 12 mai 1857 ; S. V. 57. 2. 751. P. 58. 162), de l'avarie simple (Cassation, 5 messidor an XIII ; S. 16. 1. 215. — Boulay-Paty, t. 4. p. 610. — Sibille n° 106 ; — Marseille, 9 novembre 1848 ; Jur. Mars. 20. 189. — *Contra* Saint-Malô, 2 décembre 1808 ; — Livourne, 16 août 1842 ; — Rennes, 4 février 1838 ; — Emerigon, 2. 304, mais sans être applicable, toutefois, vis-à-vis du pilote ou du mécanicien en faute (Marseille, 16 août 1842 ; Sibille, n° 105.)

297. — Toutes *actions en indemnité* pour dommages causés par l'abordage, dans un lieu où le capitaine du navire abordé *a pu agir*, doivent être *reçues*, s'il y a eu de la part de ce capitaine : 1° *protestation* dans les *vingt-quatre heures*, de réclamer le dommage causé par le navire abordant ; 2° *signification* dans ce même délai de ces protestations, et 3° dans *le mois*, *demande en justice* pour obtenir réparation dudit dommage (435. 436 c. com. ; ord. 1681, art. 8 t. 12.) — Aix, 22 janvier 1862 ; Jur. Aix, 62. 49. V. n°ˢ 304 et 330).

298. — Mais les délais ne courent pas si *réellement* le capitaine du navire abordé a été dans l'impuissance d'agir *;* les tribunaux *apprécient souverainement* les circonstances de lieu, de temps, de départ ou autres qui causent matériellement l'impuissance d'action ; toutefois, les délais reprennent leurs cours, du moment de l'arrivée dans un port où le capitaine peut agir (Sibille, 170. 178 ; Bedarride, 2119. — Boulay-Paty, 4. 699. — Nantes, 9 février 1859 ; D. p. 59. 5. 1 ; — Poitiers, 14 janvier 1863 ; D. p. 63. 2. 65).

299. — Puisque seule l'impossibilité d'agir met le capitaine à l'abri des rigueurs de la loi, il suffit qu'une de

trois formalités prescrites par le code ne soit pas remplie
pour faire encourir la déchéance. Spécialement on ne saurait faire reposer une impossibilité d'agir sur ce que le capitaine en faute n'est ni présent, ni domicilié sur les lieux.
Dans ce cas la signification doit être faite, ainsi qu'il est
établi au code de procédure, faute de quoi la protestation
devient nulle. Il n'y a pas lieu de distinguer entre le dommage causé à la cargaison et le dommage causé au navire,
entre le chargeur et le capitaine, ce dernier étant le représentant de l'autre et son mandataire légal pour tous les
actes relatifs à ce double intérêt, de sorte que si le capitaine a omis de remplir les prescriptions rigoureuses de la
loi, le *chargeur* ne saurait plus avoir de recours que contre
lui pour le préjudice souffert par la marchandise (Aix, 22
janvier 1862 ; Jur. Aix. 62. 49. V. n° 330).

300. — C'est afin d'éviter que des avaries postérieures ne
soient injustement portées au compte de l'abordage que la
loi exige une protestation ou réclamation dans les vingt-quatre heures. Mais si l'abordage a eu lieu en mer, ces protestations, dont le code n'indique pas la forme qui, suivant
Valin, se font au greffe ou pardevant notaire, et qui quelquefois sont rendues authentiques sous la forme d'un rapport d'avaries par le président du tribunal de commerce, ne
doivent être faites que dans les vingt-quatre heures de l'arrivée à un port, le capitaine n'étant pas obligé d'atterrir au
port le plus proche, mais pouvant continuer sa route jusqu'à
destination (Poitiers, 14 Janvier 1863 ; D. p. 63. 2. 65).

301. — Le capitaine ne pourrait être autorisé à rétrograder,
dérouter où relâcher qu'en vertu d'une délibération constatant l'urgence et la nécessité de se réfugier dans un port
voisin pour se réparer, et vu l'impossibilité de continuer son
voyage à cause de la gravité des avaries ; dans ce cas, c'est
au premier port touché et où le navire s'est réfugié que le
capitaine du navire abordé devra faire sa réclamation sans
pouvoir l'ajourner jusqu'à son arrivée au port de destination
(Aix, 18 février 1864 ; Jur. Mars. 64. 1. 7).

302. — C'est afin que les intéressés avertis puissent être
en mesure de se défendre que la loi exige une signification
dans les vingt-quatre heures. Mais cette signification, qu'aucune loi n'ordonne de faire à un consul ou au maire du port
d'arrivée (ce qui, du reste, lorsque le nom du capitaine du
navire abordeur est inconnu, serait complétement illusoire),
ne peut évidemment être donnée que dans les vingt-quatre
heures qui suivent la connaissance acquise du nom du capitaine ou de l'armateur du navire abordeur (Poitiers, 14 janvier
1863 ; D. P. 63. 2. 65).

303. — Il parait même indispensable d'appliquer à la signification des réclamations, comme à la demande en justice
dont elle doit être suivie dans le mois, l'art. 1033 c. pr. lorsque les intéressés habitent loin du lieu où l'abordage a été
fait. Les *délais de distance*, justement admis pour les actes de
procédure, ne peuvent être, en effet, considérés comme déro-
geant au court délai qui est prescrit pour la manifestation des
intentions du capitaine du navire abordé (Poitiers, 14 janvier
1863 ; D. p. 63. 2. 65). Effectivement, le délai doit être augmenté en raison des distances (Marseille, 8 mai 1861 ; Jur.
Mars. 61. 1. 213), Mais décidé par la cour de cassation que
le délai des distances ne s'ajoute pas aux vingt-quatre heures accordées par l'art. 436 c. com. pour faire signifier les
protestations et réclamations dont parle l'art. 435 ; mais qu'il
s'ajoute, au contraire, au mois accordé par le même art. 436
pour faire suivre d'une demande en justice ces protestations
et réclamations (Cassation, 22 août 1864 ; Gazette des tribunaux, n° 11656 ; V. nᵒˢ 271, 272).

304. — Du principe que l'abordage dont parle l'art. 407
c. com. doit s'entendre uniquement du choc de deux navires, et nullement du choc d'un navire contre un autre
objet, alors même que cet accident serait produit par une
manœuvre exécutée pour éviter la rencontre d'un autre
bâtiment, il suit que l'action en réparation n'est pas soumise
aux règles et délais prescrits par les art. 435 et 436 (Douai,
13 mai 1859 ; S. V. 60. 2. 9 ; P. 60. 1130. — Caumont,
vᵒ abordage n° 6 ; Dalloz, n° 2293).

305. — Est également soumise à la prescription ordinaire et nullement à celle des art. 435 et 436 l'action pour dommages éprouvés par un bâtiment qui a échoué contre un pieu placé dans une rivière (Bordeaux, 17 mars 1830 ; D. p. 31. 2. 240; S. V. 31. 2. 339) ou contre un bateau dragueur, ou contre un navire naufragé ou échoué, mais abandonné de son équipage (Sibille, nᵒˢ 22-23 ; *contra :* Rennes, 9 août 1851. — Nantes, 27 mars 1852 ; V. nᵒˢ 3 et 4).

306. — Il n'y a pas lieu, en matière d'abordage, de déroger au principe général d'après lequel le défendeur doit être assigné devant le tribunal de son domicile (Bordeaux, 23 février 1863 ; Jur. Bord. 63. 106 ; Jur. Mars. 63. 2. 78). Le savant arrêtiste de Bordeaux, M. Brive-Cazes, ajoute en note très judicieusement : c'est l'opinion adoptée par M. Duvergier dans une consultation rapportée par Dalloz, Vᵒ Dr. Marit. nᵒ 2306 ; elle est généralement repoussée par l'usage et les autorités consulaires qui s'accordent, il est vrai, assez peu sur le tribunal compétent en pareil cas. Si l'abordage est arrivé en rivière, dans un port ou en rade, on attribue volontiers compétence au tribunal du lieu du sinistre (Bruxelles, 16 mai 1815 ; Rouen, 15 août 1819 ; Sibille, p. 265) ; si l'abordage a eu lieu en pleine mer, les uns veulent que ce soit le tribunal de commerce le plus voisin du sinistre (Rouen, 24 novembre 1840), d'autres que ce soit le tribunal du déchargement (Livourne, 16 août 1841 ; Dalloz, 2303), — d'autres enfin se prononcent en faveur du tribunal du port où se réfugie le navire endommagé (Caen, 1ᵉʳ octobre 1848 ; Sibille, p. 268). — Le silence de la loi est donc à déplorer *ultra legem tendere opus* (Voyez nᵒˢ 337 à 356).

307. — Au cas *d'abordage en pleine mer,* à une grande distance des côtes et par conséquent dans un lieu où le capitaine *n'a pu agir* et où, par suite, il n'a pu faire les réclamations prescrites par la loi, aucun *délai ne court ;* faute de point de départ contre les propriétaires ou armateurs du navire abordé, pour l'exercice de leur action en indemnité contre le navire abordeur (Cassation, 29 décembre 1857 ; S.

V. 58, 1. 45. P. 58. 480. — Aix, 12 mai 1857 ; P. 58. 152. S.
V. 57. 2. 721).

308. — Mais il faut cependant que l'action en réparation
du dommage causé par l'abordage soit intentée dans un
délai moral dont il appartient aux tribunaux de mesurer
l'étendue selon les diverses circonstances dans lesquelles
elle est introduite (id eod loc.) ; dans l'espèce les armateurs
n'avaient pu intenter l'action aussi longtemps qu'ils ont igno-
ré le nom et la nationalité du navire abordeur, ainsi que le
nom des personnes contre lesquelles ils devaient agir. Il n'y
avait donc pas de retards calculés à leur reprocher, puisqu'ils étaient dans l'impossibilité de faire en temps utile les
réclamations prescrites.

309. — Si à la suite d'un *abordage en pleine mer* le sort
du capitaine du navire abordé est resté inconnu, les obligations n'incombent point aux autres *officiers de l'équipage* ;
on ne saurait tirer une *fin de non-recevoir contre l'action* des
propriétaires du navire abordé, de ce que ces officiers n'auraient fait ni réclamation ni *protestation aussitôt leur arrivée*
dans un lieu où ils pouvaient agir : ceux-ci ayant pu se
croire dispensés d'accomplir ces formalités, comptant que
le capitaine les accomplirait lui-même (id. eod. loc.).

310. — Peu importe que l'un des officiers qui n'était pas
le plus ancien, et qui dès lors ne remplaçait pas de plein
droit le capitaine, ait cru devoir faire un *rapport de précaution* au consul de France aussitôt son arrivée dans un *port
de salut* ; ce rapport ne pouvant faire considérer cet officier
comme investi des droits et des obligations du capitaine
(id. eo. loc.).

311. — Lorsqu'un navire n'a plus à son bord ni capitaine, ni équipage, le gardien se trouve investi du droit de
faire les actes conservatoires et de protester *pour compte*,
dans l'intérêt des propriétaires intéressés, le lendemain de
l'accident, autrement la loi, en prescrivant une protestation

dans un délai de vingt-quatre heures, aurait des exigences impossibles dans bien des cas où les propriétaires ne pourraient être prévenus à temps (Marseille, 20 février 1860 ; Jur. Nant. 60. 2. 144). Il nous semble qi'il faut distinguer le mandat conventionnel du mandat légal et que dans l'espèce on aurait dû agir à la requête des propriétaires au lieu de d'agir à celle du gardien ; autrement il faudra admettre que le subrécargue, le commissionnaire, le consignataire et le *negotiorum gestor* peuvent protester : ce que nous avons peine à admettre quoique cela résulte formellement d'un arrêt de Rennes du 3 août 1832 (S. 32. 2. 547).

312. — *Perte totale.* — La généralité des mots pour dommages causés par l'abordage, contenus dans le 3ᵉ § de l'art. 435 c. c ꭢ. ne permet pas d'en exclure le cas où l'abordage a causé ꭢa *perte du navire*, à moins d'admettre, ce qui ne peut se supposer, que ce cas si grave eut échappé à l'attention du législateur. — Si, dans le cas où il y a *avarie* seulement, on explique la rigueur de la loi par la nécessité de ne pas confondre, en les constatant sur le champ, les avaries causées par l'abordage avec celles qui pourraient avoir une autre cause, cette même rigueur s'explique également et même à plus forte raison, en cas de *perte totale*, par la nécessité de faire constater ce sinistre lui-même, d'éviter le dépérissement des preuves et de ne pas laisser indéfiniment incertains les droits si importants qui peuvent naître d'un abordage ayant causé *la perte entière* du navire abordé. — Cette rigueur, au surplus, cesse de paraître excessive, lorsque l'on sait qu'elle n'atteint le capitaine que du moment où il a pu agir. (*Sic* : Aix, 12 mai 1857 P. 58.4.32. ; S. V. 57. 2.764. — Cassation, 5 messidor an XIII ; S. V. 16. 1. 215. — Caumont, vᵒ abordage nᵒ 26. — Boulay Paty, t. 4, p. 650. — *Contra* : ord. 1684 l. 1, tit. 12, art. 6 et 8. — Emérigon, traité des ass., ch. 19 sect. 16.—Rennes, 5 février 1838 ; Jur. Ren. 38.393. — Dalloz, vᵒ droit marit. 2294 ; vᵒ exception 214. — Alauzet 1633. — Savenay, 6 février 1863 ; Jur. Nant. 63.1.117 à 123 ; Jur. Mars. 63.2.126).

313. — L'abordage peut produire, soit de simples avaries

soit la perte du navire : — dans le premier cas, il sera toujours facile d'agir sans retard. En effet, tant que le navire subsiste, le capitaine, et en cas d'empêchement ou de décès, l'officier qui le remplace, ont qualité pour agir et connaissent leurs droits et leurs devoirs quant à ce. — Mais en cas de perte, au contraire, alors que l'équipage peut périr aussi, que les officiers peuvent être engloutis par les flots à l'insu les uns des autres, qu'on ne sait, pendant un certain temps du moins, sur qui, en fait, reposent les actions, il est impossible d'admettre que les droits de tous les intéressés puissent être compromis et perdus si tel officier sauvé, mais comptant sur des chefs dont il ignorait la mort, négligeait une formalité qu'il ne se croirait pas nécessairement obligé de remplir. —En pareil cas, évidemment les armateurs assureurs et autres intéressés ne seraient soumis qu'au droit commun pour l'exercice de leurs actions, ou seraient tout au plus tenus d'agir dans un délai moral (Aix, 12 mai 1857. P. 58. 152. S. V. 57.2.761.

314. — *Expertise*. — Les affaires d'abordage sont presque toujours très graves, surtout à raison des intérêts considérables qui s'y trouvent engagés. Comme la solution dépend d'un ensemble de faits dont la saine appréciation exige des connaissances spéciales dans l'art de la navigation, les juges doivent, avant de statuer définitivement, s'entourer de tous les éléments de conviction et de tous les moyens de s'éclairer mis à leur disposition par la loi. Donc pour manifester la vérité et rassurer sa religion, le tribunal, avant dire droit au fond, tous moyens des parties sur ce point réservés, consulte nécessairement des hommes spéciaux et compétents pour avoir leur avis raisonné sur la nature de l'abordage et des causes qui peuvent l'avoir amené, eu égard aux faits et aux pièces et documents versés au procès, et en recherchant notamment quelles manœuvres devaient respectivement faire les deux navires pour éviter l'abordage, quelles mesures de précaution auraient dû être prises ou auraient été négligées par l'un ou l'autre des navires, depuis le moment où ils s'étaient respectivement aperçus ; si les manœuvres opérées

par l'un ou l'autre des navires doivent être regardées comme la cause déterminante de l'abordage, et si les capitaines ont respectivement et privativement fait tout ce que conseillaient la prudence, les usages généraux de la navigation et les règles nautiques (Aix, 12 mai 1857 ; Jur. Hav. 57.1.170. — P. 58. 152. — S. V. 57.2.764).

315. — Donc en déboutant, s'il y échet, des fins de non-recevoir proposées, ou encore tous moyens tenant état, même sur les fins de non-recevoir de toutes sortes en la forme, mais préparatoirement avant de statuer au fond, le tribunal nomme des experts, lesquels après avoir dûment prêté serment prennent connaissance des rapports de mer des deux capitaines et des autres documents versés au procès, examinent toutes pièces à conviction, particulièrement les fanaux s'il y échet, font aux parties telles demandes et réquisitions qu'ils jugent nécessaires et ont tel égard que de raison à leurs dires et observations ; pour ensuite de leur examen, donner leur opinion raisonnée sur les causes de l'évènement ; dire si l'abordage est purement fortuit, douteux ou fautif ; et, audit cas, si la faute est individuelle ou collective : de tout quoi les experts dressent leur rapport : ce que fait et déposé et parties plus amplement ouies, il est statué ce que de droit définitivement sur le fond du procès.

316. — Cependant l'expertise dont parle l'art. 407 c. com. soit l'appréciation du dommage par experts, est purement facultative pour le juge (Cassation, 6 juillet 1857 ; D. p. 57. 1.388) puisqu'il faudrait une disposition expresse de la loi pour la rendre obligatoire (Cassation, 1 juillet 1856 ; D. p. 56.1.274). Or, en matière d'abordage, l'estimation par experts des avaries qui en résulte n'est pas obligatoire (Cassation, 9 avril 1862 ; D. p. 62.2.468) ni même nécessaire, si les juges trouvent dans la cause tous les éléments d'appréciation (Cassation, 13 décembre 1842 ; P. 43.1.411).

317. — Décidé également qu'il appartient aux juges du fond d'apprécier la nécessité d'une expertise. Ils ne doivent l'or-

donner que dans le cas où les autres documents de la cause
sont insuffisants pour éclairer la justice (Cassation, 9 avril
1862 ; D. P. 62.1.468).

318. — Décidé même, bien que cela nous paraisse fort
délicat et susceptible de tomber sous le coup de la critique
pure, que les juges peuvent, sans se préoccuper de l'*évaluation* du dommage causé par le navire abordeur, se borner
à ordonner que les avaries causées par le navire abordeur
seront réparés par les soins et aux frais de son capitaine.
Il en est ainsi alors même qu'une indemnité serait allouée
au capitaine du navire abordé par chaque jour de retard
dans les réparations que le navire abordeur est tenu d'effectuer : cette indemnité n'étant pas accordée à titre de réparation du dommage éprouvé, mais comme sanction pénale de
l'obligation de faire, imposée par le jugement de condamnation (Cassation, 9 avril 1862 ; D. p. 62. 1. 468).

319. — D'après les sages enseignements de la pratique et
sur l'assignation à l'effet d'obtenir condamnation des avaries
souffertes, le tribunal, s'il y a lieu, nomme, *avant faire droit*,
des experts, avec mission d'entendre les parties, ainsi que
toutes personnes qu'il leur plaira d'appeler, de s'entourer
de tous renseignements utiles, de constater par la vue et l'examen ou tous documents probants, l'état des avaries matérielles, d'indiquer les réparations et le chiffre des dommages,
etc. Ce n'est point là recourir à une enquête véritable ni
destituer ce mode d'information des garanties dont il est entouré par la loi ; c'est simplement prescrire une expertise par
gens à ce connaissant, sur des points qui n'étaient point sus-
ceptibles d'être aussi bien éclairés par de simples témoignages, et autoriser les experts à entendre les parties elles-mê-
mes et à se renseigner auprès des personnes qui pourraient
leur donner d'utiles informations. Or, cette mission est per-
mise puisqu'elle n'est point légalement prohibée (Rennes,
17 août 1857 ; Jur. Mars. 58. 2. 98).

320. — Effectivement, les tribunaux ont le droit de don-

ner aux experts ou à l'un d'eux la mission d'entendre les parties et leurs témoins simplement à titre de renseignements. Ce n'est pas là ordonner une enquête, quoique les témoins ne prêtent pas serment et ne signent pas leurs déclarations. S'il n'appartient qu'aux magistrats de procéder à une enquête régulière, selon les formes prescrites par le code de procédure civile, il n'est pas interdit aux experts, commis par la justice, d'éclairer leur religion à l'aide d'une *enquête officieuse*, alors surtout qu'ils y ont été autorisés par le tribunal (c. pr. 302 et suiv.—Cassation, 23 novembre 1857 ; P. 58. 1032. S. V. 58. 1. 377 ; — Cassation, 19 novembre 1856 ; P. 57. 871 ; S. V. 57. 1. 33). — Ainsi les tribunaux peuvent donner mandat de prendre toutes informations, de se renseigner auprès de toutes personnes sur la nature, la cause, le caractère et l'importance des faits litigieux. Le rapport des experts ne contient qu'un avis auquel les juges ne sont pas tenus de se conformer : ne devant y avoir que tel égard que de raison (Conférez, Cassation, 23 novembre 1857 ; S. V. 58. 1. 377. — 19 novembre 1856 ; S. V. 57. 1. 33. — Rouen, 15 janvier 1846 ; S. V. 47. 2. 347. — *Contra :* Riom, 29 août 1844 ; S. V. 44. 2. 615. — Cassation, 22 avril 1840; S. V. 40. 1. 740).

321. — Sans doute les *interrogatoires* reçus par le *Commissaire de la Marine* ne peuvent être assimilés à une *enquête judiciaire* contradictoirement faite, et en avoir la force ; mais des actes dressés par un *fonctionnaire public* dans l'exercice de ses fonctions et pour les besoins du service dont il est chargé, sont toujours des *documents* qui peuvent être utilement consultés, surtout quand ils sont d'accord avec les autres pièces du procès (Poitiers, 14 janvier 1863 ; D. p. 63. 2. 65).

322. — Le capitaine du navire abordant ne saurait exciper de sa qualité de français pour contester la régularité de l'expertise ordonnée dans le lieu de l'abordage, en pays étranger, par le consul de la nation du capitaine abordé, lorsque ce consul n'a agi qu'avec le concours du consul de France

et que le capitaine français a été lui-même prévenu des vérifications à opérer, au moment où elles allaient avoir lieu (Marseille, 24 mai 1860 ; Jur. Mars. 60.1.151). La fin de non-recevoir, résultant de la tardivité de la réclamation signifiée après l'abordage, peut être considérée comme couverte, si le capitaine qui l'oppose a assisté sans protestation à l'expertise et à l'enquête ordonnées sur l'évènement (Nantes, 9 avril 1859 ; Jur. Mars. 60.2.57).

323. — En matière d'abordage, il n'y a pas lieu de faire évaluer par experts les frais de sauvetage : c'est à celui qui les a déboursés à justifier de leur importance. *L'indemnité* de chômage ne peut être assimilée à celle de surestarie et portée aux même taux : six francs par jour suffisent pour indemnité de chômage d'un bateau de 40 lasts (Anvers, 23 janvier 1863 ; Jur. Anv. 63.1.274). La demande en dommages-intérêts du chef d'abordage est non recevable si le capitaine réclamateur a fait réparer ses avaries avant la constatation de leur importance par expertise judiciaire. (Anvers, 8 février 1862 ; Jur. Anv. 62.1.202). — Est également non-recevable l'action qui n'a pas été précédée de la signification utile de protestation exigée par l'art. 436 (Aix, 18 février 1864 ; Jur. Mars. 64.1.7 ; V. n° 330).

324. — Il n'y a pas lieu de faire une réduction sur le montant de l'expertise des dommages causés : 1° pour différence du vieux au neuf ; 2° pour conservation de ceux des objets remplacés, auxquels les experts n'ont attribué aucune valeur, sans contradiction de la part de l'abordant fautif (Anvers, 18 juillet 1862 ; Jur. Anv. 63. 1. 85). En matière d'abordage, le dommage doit être taxé par experts. L'expertise est censée contradictoire, encore que l'une des parties n'y ait pas assisté, si d'ailleurs cette partie a été représentée aux débats qui ont précédé la nomination des experts, et à leur prestation de serment. L'évaluation des experts doit être admise si elle n'est pas combattue par des éléments sérieux et précis de rectification. Il n'y a pas lieu d'accorder, en matière d'abordage, la déduction du tiers pour différence

du vieux au neuf (Anvers, 18 juin 1860 ; Jur. Anv. 60. 1. 409).

325. — Le dommage essuyé par l'abordage doit être estimé par experts : cette expertise ne peut être utilement combattue par la production de comptes relatifs aux réparations exécutées, surtout lorsque ces réparations n'ont pas été faites sous la surveillance d'un expert ; dans le même cas, le temps employé aux travaux pourra être jugé excessif et l'indemnité de chômage réduite en conséquence. Une indemnité de chômage représentant les fruits de la chose ne saurait produire des intérêts avant la demande judiciaire (Anvers, 28 juillet 1862 ; Jur. Anv. 63. 1. 131. — Nantes, 2 avril 1864 ; Jur. Nant. 64. 1. 110).

§ 9. — *Fins de non-recevoir.* (326 à 336).

326. — Les *fins de non-recevoir* sont formulées par les art. 435 à 436 c. com. et reposent sur des principes extrêmement sages. Elles doivent recevoir leur application dans les cas où elles sont textuellement édictées. Elles sont établies dans *l'intérêt* bien entendu du *commerce* et de la navigation pour imprimer aux opérations de ce genre la *célérité* qui est nécessaire au négociant, afin qu'il sache de quels fonds il peut disposer pour continuer ses vastes entreprises, et qu'il ne s'arrête pas, par la crainte de contestations tardives, dans des spéculations nouvelles. Elles sont également édictées dans un intérêt d'ordre général afin de parer aux fraudes possibles et d'accélérer les contestations judiciaires.

327. — Si c'est un devoir pour les tribunaux de se conformer strictement aux prescriptions des art. 435 et 436 c. com. et de les appliquer dans l'esprit de la loi, il est aussi de principe que les *déchéances*, que les *fins de non-recevoir*, sont de *droit étroit* ; dès lors les parties peuvent y renoncer comme à tous les droits que la loi a consacrés en leur faveur, et ce par des transactions arrêtées de bonne foi, soit expressément, soit tacitement.

328. — Décidé que le *délai* de vingt-quatre heures, accordé par l'art. 436 c. com. pour la réclamation à faire en cas d'abordage, doit être prorogé quand il a existé des pourparlers qui ont pu faire croire au capitaine du navire abordé que sa réclamation était admise par le capitaine de l'autre navire. Ce dernier ne peut donc opposer, si les pourparlers n'ont point abouti, la *fin de non-recevoir* de l'art. 435 c. com. (Havre, 13 février 1855 ; Jur. Mars. 55. 2. 27. — Argum. Rouen, 30 janvier 1843 ; D. p. 43. 2. 74. — Cassation, 10 février 1840 ; D. p. 40. 1. 120).

329. — Décidé également que le propriétaire du navire abordeur qui, sur la *réclamation* qui lui a été verbalement faite, a *demandé* au capitaine abordé de produire les témoins de l'abordage, et qui, ensuite, au moment où ces témoins lui ont été produits, a refusé de les entendre, n'est plus recevable à opposer la déchéance, résultant du défaut de signification dans les vingt-quatre heures de l'abordage, alors du moins qu'il a été assigné pour voir statuer sur la demande de l'abordé dans les vingt-quatre heures de la rupture de l'engagement relatif à la production des témoins (Cassation, 19 novembre 1856 ; S. V. 57. 1. 33. — P. 57. 871).

330. — Au cas d'abordage près d'un *port étranger*, le capitaine du navire abordé conserve ses droits contre l'abordant par une *protestation* dans les vingt-quatre heures, suivie d'une demande en justice en temps utile, encore bien que dans ce même délai de vingt-quatre heures il n'ait pas signifié ses protestations à l'abordant, si avant l'expiration du délai le navire abordant a quitté le *port étranger* près duquel l'abordage a eu lieu, de telle sorte que le capitaine abordé ait été mis dans *l'impossibilité d'agir* autrement qu'il ne l'a fait (c. com. 435-436 ; Cassation, 4 mars 1861 ; S. V. 61.1.425 ; D. p. 61.1.113). — Mais la signification de la protestation, au cas où elle ne peut avoir lieu dans les 24 heures, doit être faite aussitôt qu'elle est possible. En conséquence, dans le cas d'un abordage arrivé sur le Danube par la faute d'un

paquebot des Messageries Impériales, la Compagnie ayant à
Constantinople *une agence*, cette agence peut être considérée
quant à ce, comme un domicile, et le capitaine abordé qui
touche à Constantinople est dans l'obligation d'y faire signifier sa protestation, faute de quoi il est *non recevable* à réclamer indemnité à raison de l'abordage (Aix 18 février 1864 ;
Jur. Mars. 64. 1. 7. V. — n° 278-280).

331. — Si la loi a voulu, dans le but d'en assurer la sin-
cérité, que les *réclamations*, à raison d'un *abordage*, fussent
faites dans les vingt-quatre heures qui suivent l'événement,
l'équité demandait que l'on ne prescrivît ce *délai* que lorsqu'au
moment de l'abordage, le capitaine se trouvait dans un *lieu
où il pouvait agir*, ainsi que l'a reconnu le législateur (§ 3
435). Il est donc juste d'admettre que lorsqu'à la suite d'un
abordage en pleine mer le capitaine dont le navire a éprouvé
des dommages se trouve séparé du navire qui les lui a occasionnés *sans pouvoir le reconnaître*, le capitaine du navire
abordé ne peut être considéré comme ayant pu agir *qu'au
moment de son arrivée dans son port de destination*, alors qu'il
ne peut signifier utilement une protestation et une demande
en justice, puisqu'il *ignore* le nom du navire et du capitaine
à l'encontre de qui il veut réclamer (Marseille, 9 décembre
1856).

332. — Le capitaine doit, le jour de son arrivée, en faisant
son rapport de mer devant le président du tribunal de commerce, ne pas se contenter de raconter les circonstances de
l'abordage, mais annoncer son intention de *réclamer* une indemnité contre l'auteur du préjudice dès que celui-ci pourrait
être connu, et faire constater, en attendant, *l'ignorance où il
se trouve à cet égard avec réserve de tous ses droits;* néanmoins
malgré l'absence de cette utile précaution qui sauvegarderait ses intérêts et donnerait plus de force à son exception,
l'ignorance dont il se prévaut peut paraître aux magistrats
suffisamment établie pour admettre les conséquences juridiques qui en découlent (Aix, 2 février 1858 ; S. V. 59.2.109.
— Sibille 171).

333. — S'il est vrai que la loi américaine n'impose ni formalités, ni délais pour introduire une action en cas d'avaries
ou dommages résultant d'un abordage, cette loi ne peut être
invoquée contre l'étranger qui traduit devant les tribunaux
français pour se voir appliquer la loi française, a le droit de
se prévaloir des moyens que cette loi peut fournir à sa défense (Aix, 12 mai 1857; D. p. 58.2.13 ; S. V. 57.2.721. —
P. 58. 152).

334. — S'il est universellement reconnu que des pourparlers peuvent quelquefois suspendre les délais de la déchéance, il faut au moins que ces conférences aient pour but
d'arriver à un arrangement entre les parties, par des propositions sérieuses échangées; de sorte que l'on puisse dire que
la signification de la protestation dans les vingt-quatre heures
a véritablement été arrêtée par des propositions d'arrangement et par des démarches ayant pour objet de terminer
amiablement l'affaire, sans frais, au moyen d'une indemnité.
Voilà le seul cas de pourparlers où les tribunaux puissent
faire fléchir la rigueur des dispositions des art. 435 et 436
c. com.

335. — Décidé : 1° que le délai de vingt-quatre heures dans
lequel la réclamation du capitaine du navire abordé doit
être signifiée (435 et 436 c. com.) est suspendu par l'effet
de *pourparlers* qui impliqueraient, de la part du propriétaire
du navire abordeur, la volonté de régler l'affaire à l'amiable
(Rouen, 24 janvier 1860; Jur. Nant. 62, 2. 56;—Havre, 6 septembre 1862; Jur. Hav. 62. 1. 152 ; Jur. Mars. 61. 2. 174) ;
2° que pour que les délais de rigueur édictés par la loi puissent être suspendus par des pourparlers afin d'arriver à un
arrangement, il faut qu'il soit constant que les deux parties
ont tenté de s'entendre amiablement; si les pourparlers consistent seulement dans les propositions faites par le capitaine
du navire abordeur, non-acceptées par le capitaine du navire abordé, ce dernier est déchu de tout recours s'il n'a pas
accompli les formalités prescrites dans les délais de la loi
(Havre, 24 juin 1862; Jur. Nant. 62. 2. 127 ; Jur. Hav. 62.

1. 75) ; 3° que les délais de la déchéance ne sont pas suspendus par des pourparlers, lorsqu'il est constant que ces pourparlers n'ont pas eu pour but d'arriver à un arrangement et qu'ils n'ont pas été tels qu'on puisse en induire un accord tacite de se faire, durant un certain temps, remise des rigueurs de la loi (Rennes, 2 janvier 1861 ; Jur. Nant. 61. 1. 249).

336. — La preuve des pourparlers méconnus, soit des propositions et démarches qui n'ont pas abouti, peut être faite et ordonnée s'ils ont le degré de pertinence et de précision suffisants pour les faire admettre : par exemple si le capitaine du navire abordé peut prouver que s'il n'a pas signifié sa réclamation dans les vingt-quatre heures, c'est sur la foi d'ouvertures à lui faites par le capitaine du navire abordeur, et par suite de demandes à son égard ayant pour objet de terminer sans frais à l'amiable, au moyen d'une indemnité, l'affaire à laquelle pouvait donner naissance l'abordage de son bâtiment (Rouen, 15 mai 1860 ; Jur. Nant. 62. 2. 58).

§ 11. — *Tribunaux compétents* (337 à 362).

337. — *L'action* en réparation d'avaries causées par un *abordage* a, comme résultant d'un *quasi-délit*, tous les *caractères* d'une action *personnelle*. En règle générale tout défendeur doit être assigné en matière personnelle devant les juges de son domicile, et en matière de société devant les juges du lieu où elle est établie (59. c. pr.). Pour déroger, à propos *d'abordage*, aux règles posées par l'art 69, il faudrait trouver *l'exception écrite* dans la loi en termes aussi formels et aussi précis que le principe lui-même. — Ainsi l'exception est spécialement édictée dans les cas prévus par les art. 420 c. pr., 414, 416 c. com. ; mais il n'est pas possible de l'induire de certaines assimilations avec les cas spéciaux énumérés auxdits articles. Il n'existe, entre ceux-ci et le cas d'abordage, qu'une *analogie lointaine* et trop incomplète pour être décisive au

point de faire fléchir la règle générale (Bordeaux, 23 février
1863 ; S. V. 63.2.252 ; *Contra :* nᵒˢ 349 à 356).

338. — Effectivement, si dans le cas de jet à la mer pour
le salut commun, le code de commerce (art. 414 et 416)
attribue, en termes exprès, juridiction au tribunal du lieu de
déchargement du navire pour le règlement de la contribution
qui doit s'en suivre, cette disposition exceptionnelle prend
son origine dans l'intérêt commun qu'ont toutes les personnes,
engagées dans une même expédition maritime, à régler
le plus tôt possible les avaries dont chacune doit supporter
sa part, là où elles peuvent être le mieux constatées et appré-
ciées, là aussi où chacune des parties a presque toujours,
outre le capitaine, un correspondant chargé de veiller à ses
affaires. Dans de telles circonstances, tous les coïnteressés
de la même expédition maritime peuvent facilement être ré-
putés avoir, par un accord tacite, accepté d'avance, à raison
de la nature et du but de l'entreprise, une juridiction dont
la compétence les sert au mieux de leurs intérêts (Bordeaux,
23 février 1863 ; S. V. 63.2.252 ; *Contra :* nᵒˢ 349 à 356).

339. — Or un tel quasi-contrat ne peut être supposé entre
les armateurs de deux navires qui ne se rapprochent que
par hasard, et qui, d'ordinaire, sont de provenances et ont
des destinations différentes. En effet, entre ces armateurs,
dont l'un aura rarement un représentant au port où l'autre
a expédié son navire, le fait de l'abordage, évidemment imprévu de part et d'autre, ne fait naître qu'une obligation uni-
latérale, procédant d'un quasi-délit, sans se rattacher directement ni indirectement à aucun autre intérêt commun. Il
n'y a donc aucune analogie de situation, et on n'aperçoit nullement la parité de raison indispensable pour étendre au
second cas la juridiction exceptionnelle établie pour le premier. (Bordeaux, 23 février 1863 ; S. V. 63.2.252 ; Jur. Hav.
63. 2. 218 ; Jur. Mars. 63. 2. 78.— *Contra :* nᵒˢ 350 à 356).

340. — Les art. 435 et 436, uniquement relatifs aux *protestations* à faire en cas d'abordage, ne peuvent être éten-

dues au-delà de leur *objet,* ni avoir pour effet de déplacer la *compétence,* leur *silence,* même sur ce point essentiel, alors qu'il se présentait naturellement à l'attention du législateur, démontre bien que celui-ci n'a voulu rien modifier aux principes : ce qu'il a fait, par contre, en s'occupant du jet et de la contribution (Bordeaux, 23 février 1863 ; S. V. 63. 2. 252 ; Jur. Hav. 63. 2. 218. — *Contra :* n°s 349 à 356).

341. — L'article 420 c. pr. ne peut non plus être invoqué utilement pour attribuer juridiction aux juges du lieu où le navire arrive, à l'effet de se réparer *;* s'il autorise le demandeur en matière de commerce à assigner le défendeur, devant le juge du lieu où le paiement doit être fait, c'est qu'il suppose que ce dernier, en contractant l'engagement de payer dans un lieu autre que celui de son domicile, a nécessairement pris les mesures pour y défendre aussi sur les difficultés que ce paiement pourrait amener. En effet, ce contrat implique par lui-même élection de domicile, et justifie ainsi la compétence *in loco contractus* ; mais au contraire il n'est pas possible d'admettre, même par hypothèse, ni une prévision, ni un engagement tacite de cette nature de la part de l'armateur d'un navire, pour le cas tout à fait accidentel et dès lors inattendu où ce navire en *aborderait* un autre (Bordeaux, 23 février 1863 ; S. V. 63. 2. 252 ; Jur. Mars. 63. 2. 78. — *Contra :* n°s 349 à 356).

342. — L'action en réparation du dommage causé par un *abordage* survenu entre deux bâtiments de mer dans les *eaux maritimes d'un fleuve,* est de la *compétence* des tribunaux de commerce, (633 c. com.—Bordeaux, 23 février 1863 ; S. V. 63. 2. 252 ; Jur. Hav. 63. 2. 218 ; Jur. Mars. 63. 2. 78). L'abordage précité est survenu dans les eaux maritimes. Il a eu lieu entre deux navires, tous deux bâtiments de mer, dont l'un venant du Havre à Bordeaux et l'autre se rendant de Bordeaux à Nantes, faisaient un service maritime entre ces divers ports. D'où il résulte que cet *abordage* était essentiellement *maritime* et ressortissait comme tel aux tribunaux de commerce. — Décidé également que le tribunal de com-

merce est compétent pour connaître d'un abordage qui a
eu lieu dans les eaux intérieures, à un endroit sujet aux
fluctuations de la marée (Anvers, 7 janvier 1864 ; Jur. Anv.
64. 1. 138).

343. — Mais c'est un point controversé que celui de savoir
si l'action en réparation du dommage causé par un *abordage*
purement fluvial est de la compétence de la juridiction consulaire. (*Sic* : Cassation, 24 août 1863 ; S. V. 63. 1. 497. —
Amiens, 4 mai 1858 ; S. V. 58. 2. 635. — Havre, 13 janvier
1857 ; Jur. Hav. 57. 1. 32. — Paris, 21 août 1855 ; S. V. 56.
2. 715. — Bordeaux, 23 août 1851 ; S. V. 52. 2. 228 ; Cassation, 27 février 1854 ; S. V. 54. 1. 538 ; Cassation, 4 mars
1845 ; S. V. 45. 1. 273. — Grenoble, 5 janvier 1834 ; S. V.
55. 2. 711.—P. 34. 1. 13 ; D. p. 34. 2. 203.—Massé, n 2611.
— Caumont, V° Compétence n°⁸ 7. 18. — *Contra* : Orléans,
14 mars 1857 ; S. V. 58. 2. 70. — Lyon, 2 août 1855 ; S.
V. 55. 2. 711. — Paris, 10 mars 1854 ; S. V. 55. 2. 534. —
Rouen, 13 avril 1853 ; S. V. 53. 2. 695. — Montpellier,
15 mai 1847 ; S. V. 55. 2. 711. ; — Aix, 16 juin 1841 ; S. V.
42. 2. 148. — P. 41. 2. 305 ; D. p. 42. 2. 161. — Bruxelles,
6 avril 1816. — Bruxelles, 11 février 1837 ; Pas. 37. 2. 33.
— Pardessus, n° 53. — Goujet et Merger, act. de com. n°⁸ 8
et 9).

344. — Sans doute un abordage purement fluvial entre
deux bateaux exerçant une navigation intérieure ne saurait
donner naissance à une obligation conventionnelle : il n'en
peut résulter qu'un quasi-délit (1382 c. nap.); sans doute encore on se prévaudrait abusivement de ce que les faits d'a-
bordage maritime sont attribués à la juridiction commerciale
(407 c. com.) puisqu'on ne saurait étendre analogiquement,
d'un cas à un autre, une juridiction exceptionnelle (Aix, 16
juin 1841 ; D. p. 43. 2. 161). Mais si le fait dommageable est
véritablement commercial ou se rattache réellement à une
opération de commerce, ou constitue positivement la mécon-
naissance des règles et l'oubli des devoirs d'une industrie,
de nature à créer un lien juridique entre l'auteur du fait dom-

mageable et celui qui en souffre (631-632 c. com. 1370 c. nap.) il faut bien reconnaître que les tribunaux de commerce ont compétence pour juger les contestations relatives aux obligations qui se forment sans conventions, par l'effet d'un quasi-délit nautique commis dans l'exercice d'une industrie fluviale.

345. — Décidé par la cour suprême, par deux *arrêts qui cassent* : 1° que les tribunaux de commerce sont compétents pour connaître entre négociants d'une action fondée sur des faits ayant le caractère d'un quasi-délit, alors surtout que ces faits ont eu lieu à l'occasion et dans l'exercice même de leur industrie ; 2° qu'il en est ainsi spécialement de l'action en réparation du dommage causé par un *abordage* entre deux bateaux sur une *rivière navigable* (Cassation, 24 août 1863 ; S. V. 63. 1. 497 — D. p. 63. 1. 348. 349).

346. — Le principe de la compétence des tribunaux de commerce, pour connaître des engagements entre commerçants, s'applique aussi bien au cas d'engagements intervenus sans convention, et même par suite d'un quasi-délit, qu'au cas d'engagements conventionnels. Or, ne peut-on pas dire, avec juste raison, que, lorsque, par négligence ou imprudence, un abordage survient dans le cours d'une navigation fluviale, il y a là, effectivement, un quasi-délit qui se produit à l'occasion ou dans le cours d'une opération commerciale ? Car, en se plaçant au point de vue réel, il est impossible de ne pas reconnaître que toujours les bateaux sont employés à des transports commerciaux et ne sont, en réalité, que des instruments de commerce, soit pour le transport des personnes, soit pour celui des marchandises. Or, toute entreprise de transport, soit par terre, soit par eau, est déclarée commerciale, aussi bien, à nos yeux, pour les conventions contractuelles volontairement prises que pour celles involontaires qui, dans le cours ou à l'occasion d'une opération commerciale, peuvent résulter de l'autorité seule de la loi, ou naître d'un fait personnel, par exemple, du quasi-délit par lequel un bateau servant au transport cause

du dommage à un autre. Même en restreignant la question au point de vue personnel, on a, dans la personne, soit des capitaines, soit des armateurs, de véritables commerçants, qui sont forcément justiciables des tribunaux consulaires, puisqu'ils font respectivement acte de leur commerce au moment où l'abordage a eu lieu, peu importe la nature de la navigation où il se produit, qu'elle soit intérieure ou extérieure. Donc en s'étayant de la jurisprudence que nous approuvons, puisque le législateur n'a fait ni dû faire aucune distinction entre l'engagement purement volontaire et celui qui résulte des dispositions de la loi, on peut soutenir, sérieusement, qu'un abordage fluvial doit rentrer dans la compétence des tribunaux de commerce, et cela sans attaquer la doctrine plus ou moins rationnelle qui prohibe l'extension, dans la navigation fluviale, des règles de compétence en matière de navigation maritime.

347. — Ainsi les tribunaux de commerce sont compétents pour connaître de l'action en réparation des avaries causées par l'abordage d'un navire à un *établissement maritime* quelconque, par exemple au *gril de carénage* (Havre, 13 janvier 1857 ; Jur. Hav. 57.1.32) ; ainsi encore le quasi-délit consistant en ce que, par suite de l'amarrage d'un radeau dans un passage très resserré d'un fleuve, un autre radeau aurait sombré avec toutes ses marchandises, s'il a été commis par un commerçant au préjudice d'individus commerçants, est justiciable de la juridiction commerciale. (Grenoble 5 janvier 1834 ; D. p. 34.2.203 ; P. 34.1.13).

348. — Nous croyons donc que les arrêts de cassation du 24 août 1863 ont définitivement rectifié et épuré la jurisprudence, en ce sens qu'ils déclarent la compétence consulaire applicable à tous les cas d'abordage, soit maritimes, soit fluviaux ; bien entendu quand ils viennent à se produire par le fait, la négligence ou l'imprudence de commerçants ou de leurs préposés, à l'occasion ou dans le cours d'une opération commerciale, par exemple, d'un transport par eau.

349. — L'abordage forme un quasi-contrat par lequel le capitaine est obligé de payer une indemnité pour le dommage qu'il a causé. Or, le lieu du paiement d'une obligation n'est pas toujours expressément désigné. Cette désignation peut-elle résulter tacitement de la nature de l'obligation et des accessoires de son exécution ? Question grave. Ainsi, il faut considérer comme lieu du paiement, en cas d'action en contribution d'avaries, celui où le règlement des avaries doit être fait ; en matière de contrat à la grosse, celui où le risque finit. Mais doit-on considérer comme lieu de paiement, pour la demande en indemnité du dommage causé par l'abordage de deux navires, le port où arrive le bâtiment qui a éprouvé le dommage ? Nous sommes portés à le croire. Cette doctrine tendrait de plus en plus à établir que les dispositions de l'article 420 § 3 du code de pr. civ., sur la compétence commerciale, sont générales et applicables en toute matière et à toutes espèces de contrats ou quasi-contrats où il s'agit de paiement à faire en un lieu déterminé.

350. — Décidé, cependant, que l'action en réparation du dommage causé par un abordage est de la compétence du tribunal du domicile du défendeur et non du tribunal du lieu où le sinistre est arrivé. (Nimes, 22 mai 1855 ; S. V. 55.2.771). Nous combattons cette jurisprudence. En effet, quand il s'agit d'action en réparation de dommages occasionnés par un abordage, l'état des pertes et dommages est fait dans le lieu du déchargement du navire. Les experts sont nommés par le tribunal de commerce ; d'après l'article 416 du code de commerce, la répartition est rendue exécutoire par l'homologation du tribunal. Il résulte de l'ensemble de ces dispositions, combinées avec l'article 435 du même Code, que l'action même en réparation du dommage peut être portée devant le tribunal de commerce le plus voisin du lieu du sinistre.

351. — Toutefois, ce n'est pas un devoir de porter l'action devant le tribunal le plus voisin du lieu où l'abordage est arrivé. En d'autres termes, il n'y a pas exclusion ou incompétence du tribunal du domicile du défendeur, dans le cas

où le demandeur croirait devoir y porter son action. Cependant, l'incompétence du tribunal du domicile du défendeur semble, en cette matière, être implicitement proclamée par la Cour de Rouen, dans son arrêt du 24 novembre 1840 (S. V. 40.2.79). Mais aucune exception n'ayant été apportée au droit commun, c'est-à-dire à la règle générale posée par l'article 59 du code de procédure civile, pour les actions de cette nature, il nous semble que c'est aller au-delà des principes et même les violer, que de circonscrire la compétence au tribunal de commerce dans le ressort duquel l'abordage a eu lieu. Evidemment le principe général conserve toujours sa puissance, du moment qu'il est mis en jeu par une action portée devant les juges naturels du défendeur, c'est-à-dire devant le tribunal de son domicile.

352. — Jugé cependant : 1° qu'en matière d'abordage maritime, l'action en réparation du dommage souffert doit être portée exclusivement devant le tribunal du lieu le plus voisin du sinistre, lorsqu'il est possible au réclamant d'agir dans ce lieu ; 2° que l'absence du défendeur ou de représentants chargés de ses intérêts, dans le ressort du tribunal le plus voisin du sinistre, ne peut pas changer la compétence territoriale de ce tribunal, et n'est pas d'ailleurs un obstacle légal à ce que le réclamant puisse agir devant ce tribunal ; 3° que le tribunal du domicile du défendeur est, en pareille matière, et lorsque le sinistre n'est pas arrivé dans son ressort, incompétent pour connaître de cette action, lors même que le capitaine demandeur aurait présenté requête au tribunal du lieu le plus voisin du sinistre et fait rendre un jugement lui concédant acte de ses protestations et réserves pour poursuivre au domicile des armateurs du navire adverse dont le capitaine était parti, la réparation du préjudice causé par l'abordage (Havre, 12 juillet 1856 ; Jur. Mars. 56. 2. 145. — Contra : nos 337 à 341).

353. — Mais jugé, conformément à notre sentiment, que le tribunal du domicile du défendeur est, en principe, toujours compétent ; qu'on ne saurait voir dans les art. 435 et 436 c.

com. une attribution exclusive au tribunal le plus voisin du lieu de l'abordage ; que ces articles statuent sur les réclamations et protestations qui doivent être faites, mais ne contiennent ni dans leur lettre, ni dans leur esprit aucune dérogation au principe posé par l'art. 420 c. pr. civ. (Rouen, 23 novembre 1857 ; Jur. Mars. 58. 2. 35 ; S. V. 58. 2. 503).

354. — Dans le cas d'un abordage survenu dans un port étranger, entre deux navires étrangers, de nations différentes dont l'un, bateau à vapeur, a dû, après protestation de son capitaine, partir immédiatement, et dont l'autre a dû partir ensuite pour une destination différente, l'action du capitaine du navire abordé, contre le capitaine auteur de l'abordage, en paiement des dommages résultant de l'évènement, est compétemment portée, par citation régulière, au parquet, devant le tribunal du lieu d'arrivée (Aix, 24 novembre 1852 ; Jur. Mars. 52-53. 1. 132). La jurisprudence, en décidant que les actions pour cause d'abordage seraient portées devant le tribunal du port le plus voisin, et, dans certains cas, dans celui du lieu de reste, a voulu que le capitaine ne fût pas astreint à suivre une instance dans un lieu d'échelle, d'où la nécessité de la navigation l'obligeait à partir sans retard ; mais au lieu où, toutes les obligations contractées à son départ étant accomplies, il peut faire valoir ses droits sans que les intérêts qui lui sont confiés puissent en souffrir.

355. — Si, en matière d'action en réparation du préjudice causé par un abordage, la jurisprudence et l'usage ont admis, par dérogation au principe de l'article 59 et par extension de l'exception apportée à cet article par l'article 420, que le tribunal le plus voisin du sinistre ou même le tribunal du lieu où le navire abordé termine son voyage, pouvaient être compétemment investis ; aucune des raisons que justifie cette compétence exceptionnelle ne peut être invoquée quand le tribunal saisi n'est ni le plus voisin du lieu du sinistre, ni le tribunal du lieu où le navire abordé a terminé son voyage, mais bien celui du lieu où le navire abordeur est venu terminer le sien et opérer son déchargement (Marseille, 28 novembre 1856 ; Jur. Mars. 56. 1. 326).

356. — Cette solution est on ne peut plus judicieuse. Effectivement, lorsqu'il s'agit du tribunal le plus voisin du lieu du sinistre, la compétence s'explique par l'urgence des vérifications à faire, des réparations à ordonner ; on comprend en ce cas qu'une sorte de compétence territoriale ait été admise par l'usage. — S'il s'agit du lieu où le navire abordé termine son voyage, la compétence a pu être établie par assimilation de ce qui se pratique en matière de règlement d'avaries et de jet à la mer. Mais il n'est pas possible d'appliquer ces diverses considérations au cas où le tribunal saisi est celui où le navire abordeur termine son voyage ; rien dans ce cas ne peut justifier l'exception au principe qui commande d'assigner le défendeur devant le juge de son domicile. (*Contra* : n°ˢ 337 à 341).

357. — Si, aux termes de l'article 407 du Code de Commerce, on doit ranger dans les rapports qu'engendre le commerce, les dommages résultant de l'abordage des navires, c'est par la rubrique du titre dont cet article fait partie, en tant qu'ils constituent des avaries faites, soit aux marchandises, soit aux navires, considérés comme des instruments de commerce maritime. Il en est tout autrement des blessures occasionnées aux personnes et de la protection qui leur est dûe. Un fait de cette nature est, dans toutes les hyptohèses, complètement en dehors des lois commerciales et de la juridiction consulaire. Jugé, conformément à notre sentiment, que l'action en dommages-intérêts, pour blessures occasionnées aux personnes par un abordage de navire, est de la compétence exclusive des tribunaux civils ou correctionnels. Cette action n'est soumise ni aux formes, ni aux délais prescrits par les articles 435 et 436 du Code de Commerce. (Bordeaux, 20 décembre 1853).

358. — Tout *français* a le droit de s'adresser aux tribunaux de son pays pour demander justice. Ce droit est une conséquence de la protection due par la puissance publique aux régnicoles. Ce principe se trouve proclamé par l'article 14 c. nap. qui dispose que l'*étranger*, même non résidant en

France, pourra être traduit devant les tribunaux de France pour les *obligations contractées* par lui en pays étrangers envers des Français. Ces expressions obligations contractées peuvent s'appliquer aussi bien aux obligations résultant d'un *délit ou quasi-délit*, qu'aux obligations provenant d'une convention expresse. L'article 14 ne restreint pas le droit qu'il accorde aux conventions, mais il l'étend à toutes les obligations sans distinguer entre les divers moyens par lesquels elles peuvent être contractées. Il résulte, évidemment, des termes des art. 1370 et suiv., c. nap. et notamment de l'art. 1382, spécialement applicable au quasi-délit qu'une *obligation* peut aussi bien être *contractée par un fait* ayant le caractère d'un délit ou d'un quasi-délit, que par une convention expresse. D'ailleurs, cette définition des obligations n'est que la reproduction de celle qui était donnée par la loi romaine Inst. Lib. 3, tit. 13 § 2. — Enfin aucun motif assez puissant n'existe pour établir, entre les diverses obligations dont un étranger peut être tenu envers un français, une distinction que la loi française n'a pas créée, alors surtout que cette distinction aurait pour résultat de restreindre une protection qu'elle a voulu généralement assurer aux nationaux contre l'étranger, et de transporter aux tribunaux du pays de cet étranger, une juridiction que le droit de souveraineté française doit maintenir à la justice nationale (Rouen, 6 février 1841 ; D. p. 41. 2. 122).

359. — La question précédente s'est élevée devant le tribunal de commerce du Havre, à l'occasion du dommage considérable causé au navire le *Phénix*, appartenant à une compagnie française, par suite de l'abordage du navire le *Britannia*, appartenant à une compagnie anglaise. Cette dernière déclina la compétence, sous prétexte qu'il ne s'agissait, dans l'espèce, de l'exécution d'aucune obligation contractée entre les parties. Le tribunal retint la cause et, sur l'appel, la cour de Rouen, sous la présidence de M. Gesbert, confirma par l'arrêt remarquable ci-dessus rapporté.

360. — Sur le pourvoi dirigé contre l'arrêt, la cour de

cassation rejeta par les motifs suivants : attendu que' cette affaire où il ne s'agit que d'intérêts privés est régie, non par les principes généraux du droit des gens, mais par les règles positives du droit civil français ; que le mot *obligation* n'étant limité ni modifié par aucune expression, doit nécessairement être entendu dans le *sens générique et absolu* qui lui appartient en droit ; qu'il s'applique dès lors à toutes les obligations, quelles qu'en soient la nature et la cause, et à celles qui sont contractées par une *convention volontaire*, et à celles qui sont contractées *par le fait* de celui qui, ayant commis un *quasi-délit*, est obligé, suivant l'expression de l'art. 1382 c. nap., à réparer le dommage qu'il a causé (Cassation, 13 décembre 1842 ; D. p. 43. 1. 15).

361. — En 1857, la question se présenta de nouveau devant le tribunal de commerce de Marseille et devant la cour d'Aix. Voici dans quelles circonstances : le 2 novembre 1856 le bateau à vapeur français le *Lyonnais*, à la suite d'une collision avec la barque américaine *Adriatic*, sombrait à onze heures du soir, et quelques hommes à peine de son nombreux équipage et de ses passagers pouvaient se sauver après des souffrances et des dangers inouïs. Actionné en paiement d'indemnité, à raison de cette perte par les armateurs du *Lyonnais,* le capitaine de l'*Adriatic* contesta la compétence des tribunaux français. Le tribunal repoussa cette exception par jugement du 17 mars 1857, et la cour d'Aix confirma sur l'incompétence en adoptant les motifs du jugement. Les voici dans ce qu'ils ont de doctrinal :

362. — L'article 14 c. nap. a établi le droit de demander justice dans les termes les plus généraux. Ce droit ne saurait être restreint dans son exercice que par un traité. Le mot *obligation* est dans le langage légal l'expression générale de tout lien de droit créé, soit conventionnellement, soit légalement, ou né de tout fait de l'homme qui fait encourir une responsabilité. — Le terme *obligation* est aussi général que le mot *droit* et en est le corrélatif. L'art. 14 embrassant toutes les obligations contractées envers des français, en quelque

lieu que ce soit, étend la juridiction des magistrats de la France à la connaissance de tous les droits privés que les nationaux ont à exercer en justice à l'égard des étrangers. Ainsi les tribunaux de commerce français sont, compétents par cela seul qu'ils sont saisis d'une contestation commerciale par un français (Aix, 12 mai 1857 ; S. V. 57. 2. 721. — D. p. 58. 2. 13. — P. 58.152).

§ 12. — *Codes et réglements étrangers.* — (363 à 420).

363. — *Code Espagnol.* — Art. 861, 862 et 863 identiques avec l'art. 350 du code de commerce français. — Est avarie particulière le dommage qu'éprouve le navire ou le chargement par le choc ou l'abordage avec un autre bâtiment, s'il a été accidentel et inévitable. Le capitaine devra payer le dommage qui résultera de cet évènement, s'il est arrivé par sa faute (art. 935).

364. — *Code Hollandais.* — Si un navire en aborde un autre par la faute du capitaine ou des gens de l'équipage, le dommage entier causé au navire abordé et à son chargement doit être supporté par le capitaine du navire qui l'aura causé (art. 534). — Si l'abordage a eu lieu par la faute des deux capitaines ou des gens des deux équipages, chacun supportera ses dommages. — Les capitaines sont responsables envers les propriétaires des navires et des marchandises, dans les cas prévus par cet article et le précédent, sauf leur recours contre les officiers et les gens de l'équipage, s'il y a lieu (art. 535). — En cas d'abordage d'un navire par un accident purement fortuit, le dommage est supporté par celui des navires qui l'a éprouvé, sauf les dispositions de l'article 540 (art. 536). — La disposition du précédent article sera enfin applicable au cas où les deux navires n'ont pas de chargement (art. 537). — Lorsque ni la faute, ni l'accident fortuit ne peuvent être prouvés, et qu'ainsi il y a doute sur les causes de l'abordage, le dommage arrivé aux navires et aux chargements sera réuni en une seule masse et supporté par

chacun d'eux en proportion de la valeur respective des navires et de leurs chargements. — Le montant de ce que chaque
navire et chaque chargement supportera dans le dommage
commun, sera réparti en proportion de leur valeur sur chaque navire et sur chaque chargement (art. 538). — Si après
l'abordage un navire périt dans la route qu'il a dû prendre
vers un port de relâche pour se faire radouber, la perte du
vaisseau est présumée causée par l'abordage (art. 539). —
Si un navire sous voile ou flottant endommage par abordage un autre navire qui est à l'ancre ou amarré dans un
lieu convenable, et que l'abordage ait été fait sans la faute
du capitaine ou des gens de l'équipage du navire abordant,
le navire qui était à la voile ou qui flottait supportera la
moitié du dommage du navire qui était à l'ancre ou amarré,
et du chargement, sans que ce dernier navire soit tenu des
dommages arrivés à l'autre ou à son chargement. — Ces dommages sont répartis par forme d'avarie grosse sur le navire
et le chargement. — Il n'y a pas lieu à dommages-intérêts si le
capitaine du navire amarré avait pu prévenir l'abordage ou en
diminuer le dommage en relâchant les câbles ou coupant
ses amarres, s'il a pu le faire sans danger, et s'il ne l'a pas
fait après en avoir été requis à temps par le capitaine du navire abordant (art. 540). — Si un navire chassant sur ses
ancres est jeté sur les câbles d'un navire qui se trouve à
l'ancre près de lui, et que le capitaine du premier navire
coupe les câbles de l'autre et le détache ainsi de ses ancres,
de sorte que par cet évènement il en soit endommagé ou
fasse immédiatement naufrage, le navire chassant sur ses
ancres est tenu de tout le dommage arrivé à l'autre navire et
à son chargement (art. 541). — Si un navire à l'ancre ou
amarré dans le port, sans se détacher et par l'impétuosité
des eaux, d'une tempête ou par autre force majeure, endommage d'autres navires qui se trouvent près de lui, les
dommages qui en résultent sont supportés par le navire endommagé comme avarie particulière (art. 542). — Lorsqu'un
navire se trouve sur des bas-fonds et ne peut s'en retirer,
son capitaine a le droit, en cas de danger, d'exiger que le
navire qui en est proche lève ses ancres ou coupe ses câbles

pour lui faire passage, pourvu que ce navire soit en état de faire cette manœuvre sans risque ; à charge par le navir e en danger de dédommager l'autre de ses pertes.— Le capitaine du navire voisin qui, dans ce cas, aurait refusé ou négligé de satisfaire à la demande, doit supporter les dommages qui en résultent (art. 543). — Tout capitaine dont le navire est à l'ancre, est responsable de tous les dommages causés par le manque de balises ou bouées à ses ancres, à moins qu'il ne soit prouvé qu'il les a perdues sans sa faute et n'a pu les remplacer (art. 544). — Art. 637 du code de commerce hollandais, comme 350 du code de commerce français, avec cette addition : à moins que l'assureur ne soit libéré de quelques risques par la loi ou par convention insérée dans la police.

365. — *Code Portugais.* — Article 1752 comme 350 du code de commerce français et 637 du code de commerce hollandais.—Art. 1567 à 1570 comme 407 du code de commerce français. Il est ajouté : le dommage provenant de l'abordage sera réparti en forme de grosse avarie, entre chaque navire et chaque chargement.—Art. 1571 comme 544 du code de commerce hollandais. — Art. 1574 et 575 comme 544 et 542 du code de commerce hollandais. — Art. 1577 comme 543 § 1. du code de commerce hollandais. (V. n⁰ˢ 5 à 9. 364.)

366. — *Code Prussien.* — Art. 1789. L'abordage ne constitue pas une grosse avarie. — Art. 1911 à 1915 comme 407 du code de commerce français. (V. n° 7.)

367. — *Code Russe.* — On entend par avarie réciproque le dommage que le navire ou le chargement a éprouvé de la part d'un autre navire. (art. 833.) — La perte provenant de ce dommage est supportée par celui qui l'a occasionnée (art. 834).

368. — *Code Sarde.* — Art. 380 comme 350 du code de commerce français. — Art. 437 comme 407 du code de commerce français. — Art. 465 et 466 comme 435 et 436 du code de commerce français. (V. n⁰ˢ 5 à 9.)

369. — *Code Anglais.* — *L'abordage* est un risque de mer dans le sens de l'article 407 du code de commerce français. (V. nᵒˢ 381 à 419).

370. — *Code Hambourgeois.* — Si le capitaine du navire endommagé par abordage prouve que l'autre navire a volontairement causé son avarie, le capitaine coupable, s'il ne peut se justifier, doit payer le dommage sur la valeur du navire et de son chargement. Dans ce cas, les assureurs, après avoir été informés de l'évènement, sont tenus de payer le dommage ou l'avarie.

371. — *Réglements étrangers* (Moniteur Français 3 octobre, 1858). — *Gouvernement des Pays-Bas, feux pendant la nuit, tant en pleine mer que dans les eaux intérieures néerlandaises.* — Nᵒ 54. Ordonnance du 28 juin 1858) désignant les fanaux que les navires doivent montrer, la nuit, en pleine mer, et les signaux de brouillard qu'ils doivent faire, afin d'éviter les collisions ; en lieu et place des ordonnances royales du 29 janvier 1850, et du 17 mars 1853. — Nous Guillaume III, par la grâce de Dieu, roi des Pays-Bas, etc.; — Vu les rapports conformes de notre ministre de la marine, du 20 mai dernier, nᵉ 71 ; de notre ministre de l'intérieur, du 3 juin 1858, lettre *d*, 6ᵉ § ; de notre ministre des affaires étrangères, du 4 juin 1858, nᵒ 3 ; et de notre ministre des finances, du 19 juin 1858 nᵒ 98, J. U. R. proposant la modification des règlements existants relatifs aux fanaux à porter la nuit, en mer, par les navires à voiles ou à vapeur, ainsi qu'aux signaux à faire durant les brouillards, afin d'éviter les collisions ; ouï le conseil d'Etat (avis du 25 juin 1858, nᵒ 3), Nous avons ordonné ce qui suit, savoir : Les ordonnances royales du 29 janvier 1850 (Staats-blad, nᵒ 3), et du 17 mars 1853 (Staats-blad, nᵒ 14), sont révoquées et annulées à partir du 1ᵉʳ octobre 1858, et seront remplacées à partir dudit jour par les règlements suivants :

372. — *Bateaux à vapeur.* — Tout bateau à vapeur, en marche, montrera, à partir du coucher jusqu'au lever du soleil, les feux suivants : 1ᵒ Un fanal blanc et clair au sommet

du mât de misaine ; un fanal vert à tribord ; un fanal rouge à bâbord ; — 2° Le fanal au haut du mât de misaine doit être disposé de manière à être visible, par une nuit sombre mais calme, à une distance d'un mille et un quart hollandais au moins, et répandre une lumière égale et sans intermittence sur un arc de l'horizon de vingt points du compas. Il doit être placé de manière que la lumière se répande sur dix points du compas de chaque côté du navire, savoir, depuis l'avant jusqu'à deux points en arrière de la ligne horizontale, de chaque côté ; — 3° Le fanal vert à tribord, et le fanal rouge à bâbord, devront être disposés de manière à ce que, par une nuit sombre mais calme, on puisse les voir à la distance d'un demi-mille hollandais au moins, et qu'ils répandent une lueur constante et égale sur un arc de l'horizon de dix points du compas. Elles devront être placées de manière à éclairer depuis le devant jusqu'à deux points en arrière de la ligne horizontale, tant à tribord qu'à bâbord ; — 4° Les fanaux sur les côtés devront être munis, vers le bord intérieur du bâtiment, d'un écran dont la portée en ligne droite dépasse d'au-moins une aune celle de la lumière du fanal, afin d'empêcher que le fanal de l'autre bord ne devienne simultanément visible ; — 5° Les bâtiments à vapeur, marchant à la voile seulement, ne porteront aucun fanal au haut du mât.

373. — *Signaux de brouillard.* — Tout bateau à vapeur maritime, à aubes ou à hélice, prêt à marcher ou marchant à la vapeur, se servira, comme signal, en cas de brouillard, d'un sifflet à vapeur placé devant la cheminée, à une aune et demie au moins au-dessus du pont ; ce sifflet se fera entendre au moins une fois toutes les cinq minutes. Dans le cas où le navire ne serait pas sous vapeur, on se servira d'une trompette de brouillard ou d'une cloche, ainsi qu'il est prescrit pour les navires à voiles.

374. — *Navires à voiles.* — 1° Tout navire à voiles de haute mer, sous voiles ou à la remorque, portera, depuis le coucher jusqu'au lever du soleil, un fanal vert à tribord et un fanal rouge à bâbord. Ces fanaux seront disposés de manière

à ce que, par une nuit sombre mais calme, on puisse en
voir clairement la lumière à une distance d'un demi-mille
hollandais au moins ; et que cette lumière se répande également et sans intermittence, sur un arc de l'horizon de dix
points du compas, depuis le devant jusqu'à deux points en
arrière de la ligne horizontale, tant à babord qu'à tribord ;
— 2° Les fanaux coloriés seront, autant que possible, fixés
de manière à avoir la direction ci-dessus indiquée. Ils seront
munis, vers le bord intérieur du bâtiment, d'écrans dont la
portée en ligne droite dépasse d'au moins une aune celle de
la lumière du fanal, afin d'empêcher que le fanal de l'autre
bord ne devienne simultanément visible ; — 3° Lorsque les
fanaux coloriés ne pourront être fixés à bord des petits navires, ou par le mauvais temps, on les tiendra tout prêts, depuis
le coucher jusqu'au lever du soleil, sur le bord du vaisseau
auquel ils appartiennent, afin qu'on puisse les montrer instantanément ; et, à l'approche d'un navire quelconque, ils seront montrés de manière que la lumière soit bien visible, et
cela assez longtemps pour prévenir toute collision, en ayant
soin que la lumière verte ne soit pas visible à babord, ou la
lumière rouge à tribord.

375. — *Signaux de brouillard.* — Tout navire de haute
mer étant sous voiles se servira, en temps de brouillard,
d'une trompette s'il est amuré à babord et d'une cloche s'il
a les amures à tribord. Ce signal sera donné au moins une
fois par cinq minutes. Les bateaux-pilote à voile porteront
seuls une lumière blanche au haut du mât et montreront
toutes les quinze minutes une lumière brillante. Ils feront
les signaux de brouillard comme les navires de haute mer.

376. — *Vaisseaux à l'ancre.* — Tout navire de mer à
l'ancre sur rade ou dans un chenal, portera, depuis le coucher jusqu'au lever du soleil, dans l'endroit le plus voyant,
mais pas plus haut que sept aunes au-dessus du plat-bord,
une lumière blanche dans une lanterne sphérique de deux
décimètres de diamètre, disposée de manière à ce qu'elle
projette tout autour de l'horizon, à une distance d'un quart

de mille hollandais au moins, une lumière claire, égale et sans intermittence. Nos ministres de la marine, de l'intérieur, des affaires étrangères et des finances, sont chargés de l'exé-cution de la présente ordonnance, laquelle sera publiée dans la *Gazette officielle* (Staats-blad), en même temps que l'ordonnance contenant des explications des signaux.

377. — Des figures servant à expliquer l'usage des lumiè-res, par les navires en pleine mer, et à indiquer comment ces lumières donneront au navire qui les aperçoit, la position et la route du navire qui les porte, sont annexées à l'ordonnance royale du 28 juin 1858 *(Staats-blad, no 54)* — Voici le résumé de l'explication des dessins : 1ᵘ Lorsque A voit à l'avant une lumière rouge et une lumière verte, il sait alors qu'un navire vient droit devant lui, sur la même ligne ; — Si A voit une lumière blanche en haut du mât, au-dessus des deux autres, il sait que B est un bateau à vapeur ; — 2° S'il voit la lumière rouge, mais non la lumière verte, A voit à l'avant ou sur ses bossoirs une lumière rouge : il sait alors : ou qu'un navire s'approche de lui à babord, comme B, ou qu'un navire se trouve devant lui, à babord D. D. D ; si A aperçoit, en outre, une lumière blanche au haut du mât, il sait que c'est un bateau à vapeur ; — 3° S'il voit la lumière verte, mais non la lumière rouge : A voit à l'avant, ou sur ses bossoirs, une lumière verte ; il sait alors : ou qu'un navire s'approche de lui, à tribord, comme B, ou qu'un navire se trouve devant lui, sur sa route, comme D. D. D.; A voit, en outre, une lumière blanche au haut du mât : il sait alors que c'est un bateau à vapeur.

378. — *Arrêté du 28 juin 1858, modifiant l'art. 2 de l'arrêté du 9 décembre 1845.* Nous, Guillaume III, par la grâce de Dieu, roi des Pays-Bas, etc. ; — Vu les rapports, faits de commun accord, de notre ministre de la marine, en date du 20 mai, n° 71; de notre ministre de l'intérieur en date du 3 juin 1858, lettre D, 6ᵉ part. ; de notre ministre des affaires étrangères, en date du 4 juin 1858, n° 3, et de notre ministre des finances en date du 19 juin, n° 98, J. U. R., relatifs à la modifi-

cation de l'art. 2 de l'arrêté royal du 9 décembre 1845 (*Gazette d'Etat*, n° 68), et après avoir entendu le conseil d'Etat (avis du 5 juin 1858, n° 3) : — Avons arrêté ce qui suit :

379. — A partir du 1er octobre 1858, l'art. 2 de l'arrêté royal en date du 9 décembre 1845 est modifié ainsi qu'il suit : Les bateaux à vapeur qui naviguent exclusivement sur les fleuves et les rivières devront porter, depuis le coucher jusqu'au lever du soleil, deux fanaux allumés, dont l'un rouge à l'arrière, l'autre vert à l'avant. Ces fanaux seront respectivement fixés aux mâts d'avant et d'arrière. Les navires qui ne seront munis que d'un mât fixeront le fanal rouge au mât de pavillon (flaggstock') de l'arrière. Les navires à voiles fluviaux, quand ils seront hâlés sur les fleuves et les rivières, porteront, à partir du coucher jusqu'au lever du soleil, un fanal blanc au sommet du grand mât. Les navires qui, étant sous voiles, approcheront d'un autre navire, soit à vapeur, soit à voiles, ou qui en seront approchés, montreront un fanal blanc, de sorte qu'il soit vu assez à temps du navire approchant ou approché pour éviter tout danger d'abordage. Les navires fluviaux qui seront à l'ancre, soit sur un fleuve, soit en rade, porteront un fanal blanc au sommet du grand mât. Les navires de long cours, tant à vapeur qu'à voiles, se trouvant dans les rades ou sur les fleuves et lacs de notre royaume, porteront les fanaux prescrits par notre arrêté en date de ce jour. (*Gazette d'Etat*, n° 54 art. 1.) — Le présent arrêté ne préjudicie nullement à la prescription relative aux fanaux à montrer, contenue dans le règlement de police concernant la navigation du Rhin à la mer, confirmé par l'arrêté royal du 12 novembre 1851. (*Gazette d'Etat*, n° 144 art. 2.)

380. — *Navigation Danubienne.* — Aux termes du réglement, tout bateau à vapeur naviguant sur le Danube est tenu d'éviter les bâtiments à voiles marchant à la dérive, et doit arrêter sa machine en cas de danger.—Le capitaine d'un bateau à vapeur qui contrevient à ces prescriptions est donc en faute et responsable de l'abordage qui résulte du défaut

d'observation de cette règle (Aix, 18 février 1864 ; Jur. Mars.
64. 1. 7).— Il est de jurisprudence constante que les bateaux
à vapeur, qui peuvent à volonté arrêter ou accélérer leur
marche, doivent prendre les plus grandes précautions pour
éviter la rencontre des bateaux à voiles, et doivent au besoin se ranger pour laisser le passage à ces derniers. (V. nos
196 à 209).

381. — *Angleterre.* — *Merchant Shipping Act 1854, modifié par ceux de 1855 et 1862.* — *Feux et signaux de brume.—
Rencontre.* — L'amirauté est autorisée à faire et publier dans
la *Gazette* des règles relatives à l'usage de feux et de signaux
de brume, et les propriétaires et capitaines seront tenus de
s'y conformer sous peine de 20 l. st. d'amende (art. 295).

382. — La règle à suivre en cas de rencontre est celle-ci :
Si deux navires, à vapeur ou à voiles, courant babord ou tribord amures, au plus près ou non, se croisent à contre-bord
et courent risque, en continuant leur route respective, de
s'aborder, les deux doivent mettre la barre à babord de manière à se passer réciproquement par babord, à moins qu'un
danger immédiat ne puisse être la conséquence de cette manœuvre. L'exécution de cette règle est, bien entendu, subordonnée à l'appréciation du capitaine et aux dangers que peut
en présenter l'application en cours de navigation, comme
aussi à la nécessité de tenir le navire obéissant quand il est
au plus près tribord amures (art. 296).

383. — La règle pour les vapeurs, dans les chenaux étroits,
est que chacun doit, autant que possible, se tenir dans la
partie du chenal qui est sur son côté de tribord (art. 297).

384. — Dans le cas de collision par suite d'infraction aux
règles ci-dessus, le propriétaire du navire qui les a enfreintes
n'aura droit à aucune indemnité, à moins qu'il ne puisse
prouver que l'infraction a été rendue nécessaire par les circonstances (art. 298). — L'infraction est déclarée volontaire
toutes les fois qu'un dommage en résulte pour une per-

sonne ou pour une propriété, à moins que la nécessité n'en soit démontrée (art. 299).

385. — *Instructions de l'Amirauté au sujet des feux que doivent porter les navires pour prévenir les abordages* (1er mai 1852). — D'ordre des commissaires remplissant les fonctions de lord grand amiral du Royaume-Uni de la Grande Bretagne et de l'Irlande, etc : En vertu du pouvoir et de l'autorité à nous conférés par l'acte 14 et 15 de Victoria, chapitre 79, daté du 7 août 1851, nous prescrivons, par les présentes, que les règlements suivants soient strictement observés. — *Navires à vapeur.* — Tous les navires à vapeur anglais allant à la mer, à aubes ou à hélices, dans toutes les mers, golfes, Manche, détroits, baies, criques, rades, hâvres, ports et rivières, et en toutes circonstances, devront porter, du lever au coucher du soleil, des feux disposés de la manière suivante : les navires faisant route : un feu brillant sans couleur à la tête du mât de misaine ; un feu vert sur le côté de tribord ; un feu rouge sur le côté de babord ; 1° le feu de la tête du mât devra être visible à la distance d'environ cinq milles pendant la nuit, par un temps clair, et le fanal sera construit de manière à montrer une lumière uniforme et sans interruption sur un arc de l'horizon de vingt pointes du compas, ce qui donne dix pointes de chaque côté du navire, soit à partir de l'avant, deux pointes sur l'arrière du bau de chaque bord ; 2° le feu vert à tribord sera visible à distance d'environ deux milles pendant la nuit, par un temps clair, et le fanal sera construit de manière à montrer une lumière uniforme et sans interruption sur un arc de l'horizon de dix pointes du compas, soit depuis l'avant jusqu'à deux pointes sur l'arrière du bau à tribord ; 3° le feu rouge à babord sera disposé de la même manière, pour projeter la lumière à la même distance de ce côté ; 4° les feux de tribord et de babord seront en outre garnis, sur la face intérieure, de volets d'au moins trois pieds de longueur, pour qu'on ne voie pas la lumière du côté opposé à celui de chaque feu. A l'aurore, un feu ordinaire sans couleur.— *Navires à voiles.* — Nous prescrivons, par ces présentes, que tous les navires à voiles, faisant route ou remorqués, à l'approche

de tout navire, devront montrer, du coucher au lever du soleil un feu brillant dans la position d'où il pourra le mieux être aperçu par le navire où les navires, et en temps suffisant pour éviter l'abordage. Tous les navires à voiles, à l'ancre dans les rades ou dans les passes, devront avoir constamment, du coucher au lever du soleil, un feu brillant à la tête du mât, excepté dans les ports ou autres lieux où des règlements pour d'autres feux à bord des navires sont également établis. Le fanal dont on doit se servir à l'ancre, tant pour les vapeurs que pour les navires à voiles sera construit de manière à montrer une lumière bien claire tout autour de l'horizon. Nous annulons, par les présentes, tous les réglements faits précédemment par nous, concernant l'éclairage des bateaux à vapeur, et nous ordonnons qu'à partir du 1er août 1852, le présent réglement sera strictement observé. (V. nos 34 à 61.)

386. — *Accidents* (Merchant Shipping Act 1854). — Tous accidents éprouvés ou causés par les navires à vapeur doivent, le plus tôt possible, être portés à la connaissance du conseil du commerce, avec les détails y relatifs, sous peine de 50 liv. st. d'amende (art. 326).

387. — Avis doit également, sous peine de 50 liv. st. d'amende, être donné au conseil du commerce par tout propriétaire qui suppose son navire perdu (art. 327).

388. — Les cas de collision, avec toutes les circonstances qui les ont accompagnés, doivent être insérés en détail au journal officiel du bord, et cette insertion doit être signée par le capitaine, par le second et par un homme de l'équipage (art. 328).

389. — *Réserve des droits des propriétaires et des capitaines contre le pilote* (Merchant Shipping Act 1854). — Nul propriétaire ou capitaine de navire n'est responsable pour les dommages occasionnés par la faute d'un pilote juré, dans les limites de la circonscription où l'emploi de ce pilote est obligatoire (art. 388).

390. — *Enquête en matière de naufrage* (Merchant Ship-

ping Act 1854). — Les officiers-inspecteurs du service des gar-
des côtes, ou des douanes, ont le pouvoir d'instituer des enquêtes toutes les fois que, sur ou près les côtes du Royaume-
Uni, un navire est perdu, abandonné ou endommagé ; ou
bien qu'il a occasionné la perte d'un autre navire, ou lui a
causé des avaries ; ou bien que des pertes de vies ont été le
résultat des accidents survenus. Quand la perte, ou le dommage éprouvé, a eu lieu ailleurs que sur les côtes du Royaume-
Uni, lesdits officiers sont également autorisés à instituer l'enquête, si des témoignages peuvent être recueillis sur quelque
point du Royaume-Uni (art. 432).

391. — Une investigation en forme peut être faite par devant deux juges de paix, ou un magistrat, si l'officier-inspec-
teur le juge utile, et le rapport de cette investigation doit être
adressé au Conseil du Commerce (art. 433).

392. — Le Conseil du Commerce peut alors nommer un
assesseur nautique (*nautical assessor*), sur la requête desdits
juges de paix ou magistrats, pour examiner le cas et donner
ses conclusions (art. 434).

393. — Dans les endroits où il y a un conseil local de Marine, dont l'un des membres est magistrat payé, l'instruction
a lieu par devant ce magistrat, qui reçoit, à cette occasion,
des indemnités du fonds de la marine du Commerce (art. 435).

394. — La fixation des frais est laissée à la discrétion des
juges de paix, mais ils peuvent être payés par le Conseil du
Commerce, (art. 436).

395. — En Ecosse, les investigations peuvent être remises
aux soins de l'avocat général (*lord advocate*) (art. 437).

396. — Capitaines et officiers sont tenus de remettre leurs
certificats au magistrat, ou à la personne qui dirige l'investigation ; une fois l'investigation close, ces certificats sont, selon le cas, rendus aux titulaires, suspendus ou annulés (art.
438). (V. nos 96 à 100.)

397. — *Mesure, de sûreté.* — (Merchant Shipping Act Amendment Act, 29 juillet 1862). — A partir du 1ᵉʳ juin 1863, ou de tel autre jour ultérieur que fixera le conseil du commerce, les règlements concernant les feux, les signaux de brume, les lois de la route, etc., seront mis en pratique. Sa Majesté pourra modifier ces règlements (art. 25).

398. — Les réglements en question, comme toutes les modifications qu'on y pourra plus tard apporter, seront rendus publics et communiqués en copie aux propriétaires et capitaines qui en feront la demande (art. 26).

399. — Les propriétaires et capitaines sont tenus d'obéir à ces réglements ; toute violation volontaire est réputée délit (*misdemeanour*) (art. 27).

400. — En cas de dommages aux personnes ou aux propriétés, par suite de la non-observation de ces réglements, la faute en est imputée à la personne responsable sur le pont au moment de l'accident, à moins qu'il ne puisse être établi que cette non-observation était rendue obligatoire par les circonstances (art. 28).

401. — En cas de collision par suite de non-observation desdits réglements, le navire qui ne les a pas observés sera tenu pour responsable, s'il ne prouve qu'il a agi par nécessité (art. 29).

402. — En vue d'assurer l'exécution desdits réglements, les inspecteurs désignés dans la 3ᵐᵉ partie de l'acte principal s'assureront que les navires sont pourvus de tous les feux et signaux requis et, dans le cas contraire, prendront contre eux les mesures nécessaires ; un certificat constatera que les navires sont en règle (art. 30).

403. — Les réglements locaux de ports, pour les feux et signaux, continuent à être en vigueur (art. 31).

404. — Dans les ports et rivières où il n'existe pas de règlements locaux, il pourra en être fait avec la permission de Sa Majesté (art. 32).

405. — En cas de collision, c'est le devoir de chacun des deux navires de venir au secours de l'autre, dans la mesure que permet sa sûreté personnelle (art. 33).

406. — Malgré les dispositions de l'article 311 de l'acte principal, il ne sera pas indispensable de faire les inspections des vapeurs dans les mois d'avril et d'octobre ; mais les certificats délivrés par les inspecteurs, à quelque époque que ce soit, ne seront valables que pour six mois (art. 34).

407. — Une amende de 40 shillings sera infligée aux passagers ivres ou turbulents ; aux personnes qui molestent les passagers ; aux personnes qui s'embarquent de force à bord d'un navire déjà plein ; aux personnes qui refusent de quitter un navire déjà plein ; à ceux qui esquivent le paiement de leur passage (art. 35).

408. — Amende de 20 sh. infligée aux personnes qui font des dommages à un vapeur, ou qui molestent l'équipage (art. 36).

409. — Le capitaine, ou tout autre officier d'un vapeur à passagers, peut faire détenir les coupables (art. 37).

410. — Les dispositions de l'art. 329 de l'acte principal s'étendront aux navires étrangers, dans les limites du Royaume-Uni (art. 39).

411. — Nul ne peut, sans en avoir dûment donné avis au capitaine, qui a la faculté de refuser de les prendre, embarquer des marchandises d'une nature dangereuse. Le fait d'embarquer de semblables marchandises à bord, sans les avoir au préalable marquées d'un signe distinctif ou sans en avoir donné avis par écrit, est passible de 100 liv. sterl. d'amende.

412. — *Dispositions relatives aux feux, aux règles de la route, au sauvetage et au jaugeage des navires étrangers.* — Merchant Shipping Act Amendment Act, 20 juillet 1862).— Les navires étrangers sont, dans les limites de la juridiction anglaise, soumis aux réglements mentionnés à l'art. 25 ci-dessus, pour prévenir les collisions (art. 57). (V. n°s 34 à 61).

413. — Ces réglements, comme tous autres relatifs aux collisions, quand ils sont acceptés par une nation étrangère, peuvent être rendus, par Sa Majesté, applicables aux navires de cette nation en haute mer, aussi bien que dans les limites de la juridiction anglaise (art. 58).

414. — Les dispositions relatives aux récompenses pour sauvetage de vies peuvent, avec le consentement d'une nation étrangère, être rendues applicables aux navires de cette nation, en haute mer (art. 59).

415. — Les navires étrangers qui suivent la règle anglaise pour leur jaugeage sont dispensés de l'obligation de se faire jauger en Angleterre (art. 60).

416. — Toutes les fois que, par suite d'un ordre en conseil, une disposition du premier acte ou d'un réglement y relatif sera rendue applicable aux navires d'une nation étrangère ; ces navires seront, pour les fins de cette disposition, traités comme s'ils étaient anglais (art. 62).

417. — Ces ordres en conseil peuvent être d'une durée limitée et sujets à certaines conditions, etc. (art. 62).

418. — Ces mêmes ordres peuvent être modifiés ou annulés (art. 63).

419. — Ils doivent être publiés dans la Gazette de Londres (*London Gazette*) (art. 64).

420. — La nécessité de faire réviser les jugements en pays étranger (Moniteur 1er mars 1863 ; V. Gens de mer, p. 35) fait que les navigateurs préfèrent saisir les tribunaux voisins du lieu du sinistre, quand des avaries sont causées maritimement dans des eaux étrangères, plutôt que de réserver leur action aux tribunaux de leur nation. — Il est donc intéressant de connaître sommairement les codes et tribunaux de chaque pays, relativement aux matières maritimes, ainsi que les traités entre la France et les puissances étrangères. — Nous renvoyons sur ces points pour plus amples développements : 1° en ce qui touche les législations étrangères à la

remarquable concordance des codes internationaux de M. Anthoine de St-Joseph ; — 2° pour ce qui se réfère aux tribunaux compétents en matière d'abordage dans les principales nations maritimes, au savant livre de M. Sibille, p. 376 à 386 ; — et 3° pour ce qui regarde les traités entre la France et les puissances étrangères, au remarquable ouvrage de M. Toussaint, p. 444 à 548. — Là se trouvent analysés les quarante-trois traités avec les puissances étrangères dont voici la nomenclature : Angleterre, Autriche, Belgique, Bolivie, Brésil, Buenos-Ayres, Chili, Chine, Costa-Rica, Danemark, Deux-Siciles, Equateur, Espagne, Etats-Unis, Guatemala, Haïti, Hanovre, Honduras, Japon, Libéria (République de), Mascate, Mecklembourg-Schwerin, Mexique, Nicaragua, Nouvelle-Grenade, Grand-Duché d'Oldembourg, Paraguay, Pays-Bas, Pérou, Perse, Portugal, Prusse, République Dominicaine, Russie, Salvador (République du), Sandwich, Sardaigne, Siam, Suède et Norwége, Turquie, Uruguay, Venezuela, Villes Anséatiques. (V. n°ˢ 363 à 419.)

APPLICATION

DES WARRANTS

A la Propriété Maritime

AVERTISSEMENT

Son Excellence Monsieur le Ministre du Commerce a soumis cette brochure aux Chambres de commerce maritimes, en les invitant à faire connaître leurs observations et leurs avis. La Chambre de commerce du Havre a nommé une commission.

M. Frédéric de Coninck, ancien armateur, homme très compétent sur la question, a, dans son remarquable rapport sur le Havre, demandé que ces intéressants projets fussent soumis à la législature.

Au Congrés des Sociétés Savantes, l'ancien président de la *Sociéte Havraise d'Etudes Diverses*, lorsqu'il a rendu compte des travaux de la Société, a exprimé le même vœu.

Cet ouvrage résout les points suivants provoqués

par le dépérissement de la navigation et l'affaiblisement du matériel naval :

1° Pourquoi les capitaux fuient-ils le domaine de la mer ?

2° Par quel moyen les appeler sur les bâtiments de mer comme on les a attirés sur les bâtiments de terre ?

3° Ne faudrait-il pas perfectionner et même constituer l'hypothèque maritime pour développer les constructions des bâtiments de mer ?

4° Comment constituer directement le gage nautique?

5° Pourquoi ne pas rendre circulante la *valeur bâtiment de mer* à l'instar de la *valeur cargaison*, pour qu'elle fasse son apparition sur le marché des capitaux comme sur le marché des marchandises ?

L'auteur, jurisconsulte voué à la doctrine de la découverte et du progrès, a déjà aiguillonné l'industrie maritime sur d'autres points du droit nautique.

1° Ainsi il a soulevé, en 1862, devant le Sénat qui a favorablement accueilli sa pétition, la fameuse question des *Assurances sur le fret à faire et le profit espéré des marchandises.*—S. E. M. le Ministre du Commerce a consulté toutes les Chambres. A l'unanimité, elles ont émis un avis favorable : La Chambre de commerce de Nantes, le 6 Septembre 1862 (voir son recueil de 1862, p. 35 à 40) ; la Chambre de commerce de Bordeaux, le 26 Juillet 1862 (voir son recueil de 1862, p. 239 à 251) ; la Chambre de commerce du Havre, le 17 Juillet 1862 (voir son recueil de 1862 p. 51).

2° Ainsi encore, l'auteur, dans son travail sur les *Gens de Mer*, a révisé le titre 5, 1. 2, C. Com. art. 250 à 272 en infusant dans la marine marchande une sève gé-

néreuse, pleine d'un nouveau degré de vie et de rajeu-
nissement. Par les garanties certaines dont il veut entourer civilement les intérêts des gens de mer, l'auteur
a cherché à équilibrer les droits réciproques et les devoirs commutatifs des propriétaires de navires et de
ceux qui doivent continuer à être rigoureusement as-
treints aux règles inflexibles de service d'ordre et de
discipline à bords des vaisseaux de commerce.

A côté de ces trois points d'un intérêt le plus élevé
viennent se poser à leur tour les deux graves questions
suivantes, véritablement connexes aux points élucidés
par l'auteur :

Première question.— § 1. Pour généraliser les assurances maritimes ne faut-il pas abaisser les primes en
remplaçant par la mutualité l'antagonisme qui existe
entre l'assureur et l'assuré ? — § 2. Est-il vrai que la statistique prouve que les sinistres maritimes n'absorbent
à peine que les deux tiers des sommes, et que l'autre
tiers au moins constitue le bénéfice des compagnies ?

Deuxième question — § 1. Comment se procurer des
frets de sortie ? — § 2. Ne faut-il pas aiguillonner intérieurement l'industrie nationale à fabriquer à bon marché,
et développer extérieurement, par une mâle initiative
individuelle, la représentation de maisons commerciales françaises sur tous les points du globe pour y faire
prendre les riches produits naturels et artificiels de la
France ? — § 3. L'étude des langues et le goût des
voyages ne doivent-ils pas forcément entrer d'une manière plus qu'active dans nos mœurs économiques, et
dès lors dans l'éducation nationale ?

Ces points sont l'objet d'une étude spéciale.

NANTISSEMENT ET VENTE DES NAVIRES

Application des Warrants à la Propriété Maritime

Plus cautionis in re est quam in personu.
POMPONIUS Dig. lib. 50, t. 17, 1. 25.

I.

NÉCESSITÉ DU NANTISSEMENT DES NAVIRES. — Le premier besoin du Commerce maritime est de provoquer les capitaux à la construction et à l'exploitation de navires marchands. Pour obtenir avec certitude les avances nécessaires, les spéculateurs nautiques doivent pouvoir offrir en garantie leurs navires aux bailleurs de fonds. Cette vérité se manifeste avec force dans la pratique commerciale. Il est difficile, pour ne pas dire impossible, à un capitaine marin de trouver un commandement s'il est privé d'un modeste capital qui puisse le rendre propriétaire d'une part d'intérêt dans le navire dont il recherche la maîtrise. Chose profondément regrettable, ne voit-on pas chaque jour des hommes qui ont fait preuve de la plus grande aptitude pour la sage direction d'un bâtiment de mer, comme de la plus haute capacité dans son administration pour lui assurer des produits, souvent écartés, pour ne pas dire supplantés, par des confrères qui peuvent appliquer une certaine valeur à l'opération ? Les navigateurs dénués de ressources sont donc forcément obligés de s'en créer de réelles, en les puisant dans leur valeur morale et professionnelle par l'organe officieux des capitaux dont leurs amis ont la libre disposition. Mais il ne faut pas se dissimuler que l'amitié vraie et sincère est pardessus tout prudente, soigneuse et vigilante. En obligeant elle voudra l'adjonction de sûretés réelles aux garanties morales. Effectivement la confiance, existât-elle entre les hommes à un tel degré qu'il serait inconvenant de rechercher les moyens propres à garantir les obligations, que commercialement parlant, l'utilité familiale et les nécessités sociales commanderaient toujours de prendre toutes les sûretés qui n'offensent point les mœurs. Du jour où légalement les navires pourront être directement donnés en nantissement et produiront un gage opérant à l'encontre des tiers, à l'instar de tous les autres objets mobiliers, les prêteurs ne craindront plus d'affronter les périls dont est entouré le rôle de bailleurs de fonds, et ne refuseront jamais, à cause même de la chose donnée en gage, d'offrir leur capital pour rendre service, puisqu'ils utiliseront fructueusement leur fortune.

II.

LACUNE DES LOIS SUR LA CONSTITUTION DU GAGE NAUTIQUE. — Je viens de signaler la nécessité du nantissement des navires dans l'économie commerciale maritime. Il convient maintenant de rechercher *la forme* sous laquelle doit se manifester le *contrat de nantissement nautique*. Pour le bâtiment de mer, toute détention matérielle par le créancier est impossible. L'appréhension corporelle étant dénuée de tout moyen de réalisation, et par suite la rétention qui naît de la détention ne pouvant être réellement consommée, il faut bien créer une sorte de possession légale et organiser ce que j'appellerai *la tradition symbolique et virtuelle*. En effet, le privilège ne subsiste sur le gage qu'autant que la chose qui le constitue a été mise et est restée en la possession du créancier ou d'un tiers convenu. Or, pour constituer la tradition symbolique qui doit remplacer la remise effective de la chose et tenir lieu de sa détention réelle, il suffit de recourir à l'instrument de transmission et de disposition qui manifeste aux tiers l'aliénation des bâtiments de mer. Donc le registre à souche de l'acte de francisation, déposé en douane, sera le document par excellence, propre à recevoir l'empreinte de la main-mise fictivement par le prêteur : *La détention symbolique, de tout ou partie du navire donné en gage, résultera de la transcription, sur la minute de l'acte de francisation, de la déclaration de gage* qui, pendant toute sa durée et jusqu'à sa radiation, manifestera aux tiers que le navire est totalement ou partiellement dans les liens d'un engagement hypothécaire.

III.

CONSTITUTION DIRECTE DU NANTISSEMENT MARITIME. — Après avoir démontré le besoin du gage nautique et signalé, sur sa constitution directe, l'insuffisance de la législation, le moment est venu de formuler nettement la formation régulière du contrat de nantissement maritime. *Marquer le livre à souche de l'acte de francisation, par transcription sur la minute, de la déclaration de gage ; mentionner sur cet acte de nationalité le montant des avances, la date de l'échéance et les nom, profession et domicile du bailleur de fonds ; proclamer législativement que le créancier sera réputé avoir le gage en sa possession tant que l'inscription subsistera sur la minute qui avertira ainsi les tiers de l'hypothèque qui grève le navire :* voilà le moyen direct d'organiser légalement le nantissement des bâtiments du commerce. Voyez son efficacité. Le créancier gagiste est symboliquement et virtuellement saisi de la chose engagée hypothécairement. Il reste en possession légale par une détention fictive qui se manifeste authentiquement aux tiers, contre lesquels le créancier privilégié pourra victorieusement faire valoir ses droits de rétention. C'est ainsi que doit se combler la lacune de la loi sur ce point.

Désormais, les contractants, armés d'un droit légal dont ils ont été jusqu'à ce jour dépouillés, ne seront plus condamnés à recourir à une constitution indirecte du gage nautique, qu'ils étaient obligés de masquer sous les apparences d'une vente qui cachait le contrat de nantissement avec tous les inconvénients graves que comporte un pareil déguisement à l'encontre des tiers.

IV.

Inconvénients du déguisement du gage nautique, sous forme de vente, au cas où la navigation n'est pas heureuse. — Pour apprécier à sa juste valeur le mérite de l'innovation que nous proposons, et faire toucher du doigt la suprême nécessité de la promulguer législativement, c'est de considérer en action le Commerce maritime, *privé* du droit de constituer directement un contrat de gage nautique. Puisque tout donneur exige des garanties réelles, la foi en la personne n'étant que secondaire, la nécessité de se nantir du navire du preneur, dans la proportion des avances opérées, porte le bailleur de fonds à consommer *indirectement* ce qu'il ne peut faire directement. Les parties ont recours à une vente simulée et cachent, par l'artifice d'une contre-lettre la possession à titre de gage sous le masque de la possession à titre de vente. Voilà ce qui se passe chaque jour dans la vie commerciale maritime. La Cour de Cassation a consacré la validité de ce déguisement (Cassation, 2 Juillet 1856) et la Jurisprudence des Cours Impériales proclame que cette vente fictive est le seul mode de possession à l'égard des navires (Rennes, 29 Décembre 1849). Rien de mieux dans les rapports du preneur au donneur. Mais quand le contrat vient se dresser contre les tiers, pour évincer l'exercice de leurs droits en les primant, n'est-il pas vulnérable jusqu'au point de n'avoir aucune efficacité? Que dis-je? La situation du donneur est un véritable abîme. Ce qui est *fictif* entre les parties est *réel* au regard des tiers, et ce qui est *vrai* entre les contractants est *simulé* pour le public. Cette antinomie doit être soigneusement remarquée. *Le joint de la contradiction est là avec son redoutable dualisme.* Il importe de justifier cette étrange situation par des exemples tirés de la Jurisprudence :

1° Pour les *tiers,* l'acte apparent reste ce qu'il est, conserve toute sa force et vertu ; à *leur* égard, l'acquéreur simulé est tenu du prix de vente : la propriété du navire repose sur sa tête ;

2° Pour les *tiers,* si le navire vient à périr, c'est pour le compte de l'acheteur fictif que la perte se consommera ;

3° Pour les *tiers,* le bailleur de fonds ou créancier-gagiste supporte les risques du voyage et est tenu personnellement, sauf l'abandon, des dettes contractées par la chose qui lui appartient fictivement ;

4° Pour les *tiers,* l'acheteur apparent n'a aucune préférence sur le prix qu'il doit, et le navire qu'il détient propriétairement n'en reste pas moins affecté au droit de suite des créanciers du vendeur fictif ;

5° Pour les *tiers,* la simulation ayant toute sa puissance, c'est-à-dire la *fiction* étant la réalité, il s'en suit que le créancier gagiste, portant le masque d'un acquéreur véritable, est tenu de payer les dettes contractées par le navire dans la proportion de l'intérêt qu'il possède ;

6° Pour les *tiers,* le créancier nanti, qui figure à l'aide d'un mensonge authentique comme propriétaire sur l'acte de francisation, ne peut exercer de poursuite sur le bâtiment, ni empêcher son départ au préjudice des affréteurs qui, avant toute poursuite, ont chargé leurs marchandises ;

7° Il faut considérer comme *tiers* non pas seulement les créanciers du failli, qui peuvent provoquer la nullité des engagements pris par leur débiteur au préjudice de leurs droits, mais encore apprécier comme *tels* les co-propriétaires du navire. Dès lors, le bailleur de fonds qui accepte de son débiteur un ou plusieurs quirats en nantissement sous forme de vente, fait, au regard de ses communistes, novation formelle à sa créance, par cela seul qu'il figure nominalement comme propriétaire apparent sur l'acte de francisation. Et comme conséquence forcée découlant de toute nécessité des principes qui précèdent, le créancier nanti réellement par la voie indirecte de la vente simulée, perd non seulement le droit de se faire payer sur son gage, mais encore supporte même proportionnellement la perte qui vient atteindre le navire. (Conférez : Rennes, 12 Mai 1863 ; Rennes, 23 Mars 1860 ; Cassation, 2 Juillet 1856 ; Nantes, 2 Juillet 1859).

V.

DANGERS DE LA VENTE SIMULÉE, MÊME DANS L'HYPOTHÈ-SE D'UNE NAVIGATION HEUREUSE. — Nous venons de démontrer que, dans ses rapports avec les tiers, le créancier nanti par acte de vente simulé, au lieu d'éviter une perte contre laquelle le gage devait le protéger, supportait au contraire proportionnellement les charges de l'opération maritime. Il est superflu d'ajouter que de pareilles conséquences sont diamétralement opposées aux principes, à la nature, à l'objet et à la cause du nantissement ; que par suite il faut éliminer d'aussi funestes contradictions de la pratique commerciale, qui ne vit et ne peut exister qu'avec la *certitude* dans ses agissements perpétuellement et nécessairement complexes, multiples et opposés. Mais ce qu'il convient de remarquer soigneusement encore, c'est la situation que la faillite du preneur fait au donneur si la navigation est heureuse et procure des bénéfices à palper au lieu de charges à supporter. Cette situation n'est pas moins étrange pour le prêteur que celle que nous venons de signaler au cas d'une navigation malheureuse. Je m'explique : *Qu'arrivera-t-il si le débiteur vient à tomber en faillite ?* Tous ses créanciers, se posant comme ses ayant cause, invoqueront la contre-lettre contre le donneur, et soutiendront :

1° Que si l'acte de vente et sa mention à l'acte de francisation paraissent en contradiction avec les conventions, il faut attribuer un pareil résultat uniquement à l'administration des douanes qui refuse de relater les contrats de nantissement sur l'acte de francisation ;

2° Que dans cette occurence il faut bien laisser l'apparence pour la réalité, et restituer aux parties le même et semblable

état qu'elles se sont fait par les conventions légalement formées entre elles. (Nantes 2 juillet 1859.)

De sorte que le bailleur, qui supporte dans le premier cas
toutes les chances mauvaises, sera privé, dans le deuxième
cas, des bénéfices aléatoires qui étaient la commutation et la
réciprocité des dangers qu'il courait dans la première hypothèse. Il y a là une antinomie plus que regrettable. Il convient de la résoudre, sous peine d'épouvanter les bailleurs
de fonds et d'éloigner les capitaux du domaine maritime.

VI.

GAGE MARITIME CONSTATÉ PAR LA SUSCRIPTION D'UNE DÉ-
CLARATION DE NANTISSEMENT SUR L'ACTE DE FRANCISATION. —
Le remède à apporter à un pareil état de choses est heureu-
sement des plus simples. C'est de permettre légalement que
les contrats de nantissement soient manifestés aux tiers par
l'acte de francisation, à l'instar de ce qui a lieu pour les actions nominatives des sociétés de commerce. Je m'explique.
Par la loi projetée sur le Gage commercial, et en ce qui concerne les actions dont je viens de parler et dont la cession
s'opère, comme pour les navires, par une déclaration de transfert inscrite sur les registres de la société, au lieu de l'être
sur l'acte de francisation, le gage peut être établi par une
déclaration de nantissement inscrite sur les registres (art. 91
§ 3 du projet). Or, pourquoi ne pas ajouter à ce paragraphe
trois, de l'art. 91 projeté, un dernier paragraphe ainsi conçu :
Le gage, à l'égard du navire, soit pour le tout, soit pour par-
tie, peut être constitué par une déclaration de nantissement
transcrite sur l'acte de francisation. Tant que cette décla-
ration ne sera point radiée, le créancier ou bailleur de fonds
sera réputé avoir le gage en possession ? Par cette disposition
s'évanouiront tous les inconvénients graves qui éloignent les
capitaux des spéculations maritimes, malheureusement trop
négligées par les négociants français.

VII.

LA VENTE MÊME DES NAVIRES EST, A L'ÉGARD DES TIERS,

SOUMISE AUX FORMALITÉS DE L'ART. 17 DE LA LOI DU 27 VENDÉ-
MIAIRE AN II. — Mais avant d'aiguillonner notre Industrie
nationale à la construction et à l'exploitation des bâtiments
de mer marchands, et de provoquer notre Commerce maritime à affronter sur tous les points du globe, contre les marines marchandes étrangères, la libre concurrence des frets,
pour que la France devienne aussi riche sur mer que sur
terre ; qu'il me soit permis, après avoir parlé du transfert
nautique à titre de gage, de dire un mot du transfert maritime à titre de vente. Car ce n'est pas seulement en matière
de nantissement que des difficultés graves surgissent, c'est
aussi en matière de cession. La Jurisprudence est controver-
sée sur un point important de la matière. Pourquoi le taire ?
Cette controverse regrettable porte sur des cas qui ne devraient souffrir aucune interprétation.

D'un côté, le 22 Août 1860, la Cour impériale de Bordeaux
juge : 1° que même *à l'égard des tiers*, quoique non inscrite
sur l'acte de francisation, la cession d'un navire est efficace;
2° que la loi du 27 vendémiaire an II, concernant la vente
des bâtiments du commerce, n'est qu'une loi politique abro-
gée par l'art. 194 du Code de Commerce ; 3° que dès lors la
cession est opposable aux créanciers de l'armateur, et qu'en
cas de faillite de celui-ci et de vente du navire, le cessionnaire a droit à sa part proportionnelle dans le prix du navire
et n'est point réduit à la condition de simple céancier chiro-
graphaire.

D'un autre côté, le 12 Mai 1863, la Cour impériale de
Rennes décide, conformément à la doctrine que j'ai professée
dès 1855 dans mon *Dictionnaire universel du Droit Commercial Maritime :* 1° que la cession de la propriété d'un navire n'est valable, *à l'égard des tiers,* qu'autant que le nom
du cessionnaire est inscrit sur l'acte de francisation à la
place du nom du cédant ; 2° que les formalités dont parle
l'art. 17 du décret du 27 vendémiaire an II, ne sont pas établies uniquement dans des vues politiques et de police ;
qu'elles ont surtout pour but d'assurer l'*intérêt des tiers,*
et qu'elles constituent en vérité une condition essentielle de

la transmission de la propriété des navires *au regard des tiers ;* 3° que, par suite, lorsque la transmission n'est opérée *qu'à titre de nantissement* (ce transfert étant radicalement de nul effet au regard des tiers, s'il n'a-été régularisé sur l'acte de francisation que postérieurement à l'époque fixée comme étant celle de la cessation des paiements du failli), le créancier, qui a touché le prix du transport de sa part d'intérêt dans le navire, est astreint à rapporter ce prix à la masse des créanciers de la faillite, et se trouve ainsi forcé de subir l'égalité des créanciers chirographaires.

La Cour suprême, appelée à se prononcer sur ces deux théories véritablement antagoniques, décidera sans doute en faveur du public et des tiers, *par un arrêt qui casse,* que l'art. 17 de la loi du 27 vendémiaire an II, est toujours en vigueur, et que tout acte de transfert d'un navire à titre de vente, qui ne remplit pas les conditions imposées par la loi dans un intérêt national, doit être réputé non avenu *à l'égard des tiers.* S'il en était autrement, il faudrait encore sur ce point appeler l'attention du législateur.

VIII.

DÉVELOPPEMENTS FORCÉS DE LA MARINE MARCHANDE DEVANT LES TRAITÉS DE NAVIGATION. — Après avoir, d'une part chassé le mensonge authentique de la constitution du nantissement nautique, et fait ressortir les inconvénients graves de la simulation de ce contrat sous forme de vente ; et d'autre part, indiqué la forme directe et légale des transferts maritimes soit à titre de gage, soit à titre de vente ; il convient, en terminant cette étude, d'esquisser en traits saisissants ce qu'il ne faut point craindre d'appeler une révolution dans les spéculations navales. Cette révolution se manifeste, s'affirme et s'impose de nos jours avec un redoublement de force. Je m'explique.

Si l'audace et le génie du commerce ont créé la navigation, aujourd'hui l'Océan, théâtre de l'importation et de l'exportation des produits du globe, demande à l'Industrie exaltée,

des navires, sinon plus vastes, au moins plus nombreux.
Avec les nécessités nouvelles nées des traités de navigation,
et surtout en présence de l'étendue et des transformations
du commerce maritime, *les constructions des bâtiments de
mer pour la marine marchande doivent être l'un des plus
grands intérêts nationaux,* et dans tous les cas une source
abondante de prospérité pour le pays. Voilà pourquoi *on ne
saurait trop faire pour appeler les capitaux sur le domaine
commun de la mer : l'argent affluera vers les constructions
des bâtiments du commerce, du jour où un mécanisme juridique d'instruments d'aliénation et d'engagement rendra rapide
la circulation de la Valeur-Navire.* Ces meubles par excellence, qui à cause même de leur importance se divisent en
quirats ou portions co-propriétaires, ne demandent qu'à se
multiplier comme des légions devant le principe d'égalité
qui, à cette heure, préside internationalement aux rapports
des marines marchandes.

IX.

APPLICATION DES WARRANTS AUX NAVIRES : COUPONS D'AC-
TES DE FRANCISATION CIRCULANT A L'INSTAR DES CONNAISSE-
MENTS. — Ce mécanisme de droit, destiné à faire circuler
comme de l'argent la VALEUR-NAVIRE, n'a pas besoin de
provoquer les investigations du génie. Il existe dans le
système des WARRANTS qu'il suffit d'appliquer AUX NAVIRES,
avec les modifications que comporte la *Valeur-Bâtiment de
mer.* De même que le connaissement représente la cargaison
et renferme symboliquement la détention de la marchandise,
et vient frapper avec certitude aux grands réservoirs des
capitaux, *pourquoi l'acte de francisation, entreposé à la
douane, ne circulerait-il pas en totalité ou coupons, à l'instar
des connaissements, des lettres de change, des récepissés et
Warrants ; et ne ferait-il pas son apparition sur le marché
des marchandises, comme sur celui des capitaux avec une
annexe ou bulletin de gage ?* Effectivement, la douane déli-
vrerait le certificat qui représenterait le navire d'une manière
complexe. Sous le nom de récépissé il servirait d'instrument

d'aliénation ; et sous le nom de bulletin de gage d'instrument de crédit. Pourquoi ces rapides véhicules de la circulation feraient-ils plus longtemps défaut à la *valeur-navire?*
Pourquoi cet élément de la fortune publique serait-il deshé-
rité des instruments de crédit qui en feraient une *valeur
active et circulante ?*

X.

RÉVOLUTION ÉCONOMIQUE MARITIME PAR L'APPLICATION DES
WARRANTS AUX NAVIRES. — On ne saurait trop le redire,
il y a toute une révolution économique dans l'ingénieuse
application du warrant à la *valeur-navire.* Lorsqu'elle sera
législativement consacrée, des sociétés se formeront pour se
livrer à l'industrie lucrative des constructions maritimes,
dont les fruits et produits seront bien des fois plus avanta-
geux que le loyer des maisons. Les travailleurs inoccupés y
trouveront un aliment certain à leur activité, deviendront
des *gens de mer* et ne seront plus rongés de la plaie du pau-
périsme qui les mine. On verra sur toutes les places du
globe, notre industrie nautique affronter avec des aliments
certains de fret, la pleine et libre concurrence de l'importation et de l'exportation des produits du monde. Il ne faut
pas se dissimuler que le commerce dans ce qu'il a de vital
se fait surtout de nation à nation. *Il importe beaucoup à la
France de devenir le plus puissant des peuples navigateurs et
aussi riche sur mer que sur terre.* Tous les peuples sont plus
que jamais solidaires. Dans leur activité nécessaire ils ga-
gnent à leur prospérité réciproque ce qu'ils souffrent aussi
réciproquement de leurs calamités. Les barrières des Océans
sont aujourd'hui brisées par des *véhicules* qui tendent sans
cesse à se *multiplier.* Les navires doivent se *décupler* parce
qu'ils constituent la vie des forces économiques sur la mer.
Ne sont-ils pas destinés à transporter les produits immenses
du globe qui s'échangent entre eux avec un redoublement
d'ardeur, commandé par le rapprochement des distances et
la facilité des communications internationales ?

XI.

Représentation des qiurats par des coupons de l'acte de francisation. — A cause des avances considérables qu'exigent la construction et l'armement du navire, il appartient ordinairement à plusieurs. On en divise la propriété en portions égales qu'on appelle *quirats*. Les propriétaires de ces portions se nomment quirataires, portionnaires ou participes. *Il y aurait pour représenter chaque part ou quirat un coupon spécial.* Ce coupon de l'acte de francisation symboliserait le quirat, comme le connaissement symbolise une partie de la cargaison. La douane jouerait le rôle de simple entrepositaire de l'acte de francisation. Elle n'aurait d'autre mission que de le conserver en minute, et de détacher du registre à souche le double certificat qui représenterait chaque quirat. *Ce certificat énoncerait les nom, profession et domicile du quirataire, ainsi que toutes les indications propres à établir l'identité du navire et à en déterminer la valeur et la gestion.* A chaque coupon représentatif d'un quirat serait annexé, sous la dénomination de *Bulletin de gage, un billet de nantissement* contenant les même mentions que le *coupon-certificat-récépissé.*

XII.

Fonctionnement des instruments. — Chaque coupon de l'acte de francisation et chaque bulletin de gage y annexé pourraient être transférés par la voie de l'endossement emsemble ou séparément. L'endossement du bulletin de gage, séparé du coupon de l'acte de francisation, vaudrait *nantissement du quirat* au profit du cessionnaire du bulletin de gage. L'endossement du coupon de l'acte de francisation, à plus forte raison l'endossement de l'acte de francisation en son entier, *transmettrait* au cessionnaire, soit partiel, soit total du navire, *la propriété* de chaque quirat représenté par le coupon ; à la charge par le cessionnaire, lorsque le bulletin de gage ne serait pas transféré avec le coupon-récépissé, de payer la créance garantie par le bulletin de gage ou d'en laisser payer le montant sur le prix de la vente du quirat. L'endossement du récépissé-coupon et du bulletin de gage, transférés ensemble ou séparément, devrait être daté. [L'endossement du bulletin de gage séparé du coupon-récépissé devrait en outre énoncer le montant intégral de la créance garantie, la date de son échéance et les nom, profession et domicile du créancier. *La mention du transfert, à titre de vente ou de nantissement, devrait toujours, pour pouvoir être opposée aux tiers, avoir lieu sur le registre à souche.*

XIII.

NÉCESSITÉ DE MENTIONNER LE TRANSFERT SUR LE LIVRE A SOUCHE EN DOUANE. — *L'enregistrement de l'endossement-transfert à quelque titre qu'il ait lieu (soit sa transcription sur le registre à souche) permettrait à tous ceux qui y auraient intérêt et droit, de recourir en douane pour connaître d'une manière officielle et authentique quels sont les véritables propriétaires du navire, et quelle est l'importance de l'avance dont chaque quirat est grevé ?*

Le porteur du récépissé-coupon séparé du billet de nantissement pourrait, même avant l'échéance, payer la créance garantie par le bulletin de gage. Si le porteur du billet de nantissement n'était pas d'accord avec le débiteur sur les conditions auxquelles aurait lieu l'anticipation de paiement, la somme due, y compris les intérêts jusqu'à l'échéance, serait consignée à la caisse des dépôts et consignations, qui en demeurerait responsable. Cette consignation éteindrait le bulletin de gage qui serait ainsi libéré. A défaut de paiement à l'échéance, le porteur du bulletin de gage séparé du coupon-récépissé, pourrait, huit jours après le protêt et sans aucune formalité de justice, faire procéder à la bourse, par le ministère de courtier, à la vente publique du quirat engagé.

XIV.

VENTE PUBLIQUE ET CHARGES LÉGALES DE L'ADJUDICATAIRE. — Dans le cas où le souscripteur primitif du bulletin de gage l'aurait remboursé, il pourrait faire procéder à la vente du quirat, contre le porteur du coupon-récépissé, huit jours après l'échéance et sans qu'il soit besoin d'aucune mise en demeure. Le créancier serait directement payé de sa créance sur le prix, sans formalité de justice et par privilège et préférence, à tous autres créanciers, sans autre déduction que les frais de vente. *L'acquéreur aux enchères publiques serait,* PAR LA FORCE DU DROIT, *chargé de toutes les dettes privilégiées constituées en cours de voyage conformément aux lois maritimes, et de la prime proportionnelle de l'assurance du navire et de son fret. Par contre il profiterait de tous les frets gagnés, en proportion de l'intérêt ou quirat dont il se rendrait adjudicataire. En un mot l'acheteur serait subrogé activement et passivement à tous les profits ou pertes réalisés ou aléatoires de la navigation. Tenant le lieu et place du quirataire exproprié, il exercerait les avantages ou souffrirait les charges d'après les comptes réguliers de l'expédition à fournir par l'armateur.*

XV.

DEVOIRS LÉGAUX ET RESPONSABILITÉ RIGOUREUSE DES ARMATEURS. — L'armateur, gérant forcé de la participation, administrateur légal de la communauté propriétaire, aurait, par la nature même du mandat qu'il tiendrait nécessairement et virtuellement de ses co-intéressés, l'obligation de pourvoir par des assurances à la conservation de la chose commune et *des frets à faire* (1). Il devrait justifier à toute réquisition des ayant-droit de la couverture régulière des risques maritimes. En aucun cas, il ne pourrait être relevé de l'obligation d'assurer le navire en entier et de couvrir en même temps la baratterie de patron. Toute infraction à cette disposition, qui serait d'ordre public, pourrait donner lieu à sa révocation immédiate, outre la responsabilité lui incombant pour tous les torts, dommages et pertes qui pourraient résulter de sa faute ou négligence.

---

(1) Voyez notre étude sur l'ASSURANCE *des frets à faire et des profits espérés.*

XVI.

Sort du porteur du récépissé et de l'adjudicataire.
— Si le porteur du récépissé ne se présentait pas lors de la
vente du quirat, la somme excédant celle qui est due au
porteur du bulletin de gage serait consignée conformément
au droit commun. Si, au contraire la réalisation du gage
laissait un déficit, un émargement sur le bulletin de gage le
constaterait. Et comme il n'y aurait plus d'intérêts multiples
à sauvegarder, le créancier conserverait son titre, émargé du
montant de sa libération réelle, pour exercer l'action personnelle.

De son côté l'adjudicataire, pour avoir délivrance légale
du navire ou portion de navire (*soit les quirats acquis*), n'aurait qu'à faire émarger le registre à souche de son procès-
verbal d'adjudication, et à justifier de l'emploi de son prix
à l'extinction à due concurrence de la somme prêtée sur le
bulletin de gage. Dans le cas d'insuffisance du nantissement
ainsi réalisé, le coupon-récépissé *serait perdu*, et deviendrait
nul et de nul effet faute d'aliment, la dette l'ayant plus qu'ab-
sorbé. Le procès-verbal d'adjudication remplacerait le titre
de propriété et en aurait toute la force et vertu.

XVII.

Suspension et prescription de l'action recursoire et
personnelle. — Le porteur du bulletin de gage n'aurait
de recours contre l'emprunteur et les endosseurs qu'après
avoir exercé ses droits sur les quirats, et seulement en cas
d'insuffisance du prix. Les délais fixés par l'art. 165 C. Com.
pour l'exercice du recours ne devraient courir que du jour
de la vente du quirat. Le porteur du bulletin de gage per-
drait en tous cas son recours contre les endosseurs, s'il n'a-
vait pas fait procéder à la vente dans le mois qui suivrait la
date du protêt.

XVIII.

Subrogation légale des porteurs et adjudicataires
dans les indemnités d'assurance. — Par une subrogation

qui aurait lieu par la seule force de la loi, les porteurs de
récépissés-coupons et des bulletins de gage ainsi que les
adjudicataires, auraient, sur les indemnités d'assurances
dues en cas de sinistre, les mêmes droits et les mêmes pri-
vilèges que sur les quirats eux-mêmes.

XIX.

NÉGOCIATION DES BULLETINS DE GAGE. — Les établisse-
ments publics de crédit pourraient recevoir les bulletins de
gage comme effets de commerce, avec dispense d'une des
signatures exigées par les statuts.

XX.

PERTE DES TITRES. — Celui qui aurait perdu un récépissé-coupon ou un bulletin pourrait demander et obtenir
par ordonnance du juge, en justifiant de sa propriété et en
donnant caution, un duplicata s'il s'agit du récépissé-coupon, et le paiement de la créance s'il s'agit du bulletin de
gage.

XXI.

RÈGLEMENT D'ADMINISTRATION PUBLIQUE. — Un règlement d'administration publique prescrirait les mesures qui
seraient nécessaires à l'exécution des dispositions à intervenir.

XXII.

DROITS FISCAUX. — Quant aux droits de timbre et d'enregistrement auxquels seraient soumis les récépissés et
bulletins, on aurait égard aux caractères différentiels des
deux titres, et on se conformerait sur ce point à l'art. 13 de
la loi sur les warrants.

XXIII.

RÉTRIBUTIONS MINISTÉRIELLES. — Les ventes publiques des bâtiments du commerce réalisent aujourd'hui la

Valeur-Navire à très peu de frais et sans aucunes formalités
encombrantes. Pourquoi ne pas le dire ? Le Génie impérial
a pressenti notre système en décrétant le 8 Mai 1861 que les
navires seraient placés au tableau des marchandises. De son
côté le législateur a, par la loi du 3 Juillet 1861, remédié
aux dommages qu'éprouvait sur ce point le Commerce maritime. Disons en terminant qu'il *faudrait appliquer* ce mode
de vente à la réalisation du navire après saisie. On éviterait
ainsi pour tous les intéressés une perte considérable de
temps et d'argent.

XXIV.

CONCLUSION. — Ces quelques lignes sont suffisantes
pour appeler l'attention des hommes d'État sur la nécessité
de *warranter* les navires et d'ouvrir ainsi à l'industrie nautique et aux spéculations maritimes des horizons nouveaux.
Qu'on ne s'y trompe pas, la véritable Agriculture de la mer
ne consiste point à tirer des abîmes de l'Océan des pois-
sons et des coquillages ; elle consiste avant tout à labourer
toutes les mers avec des Navires qui exportent et importent
les produits échangeables des nations.

NOTE SUR LE § VII. — *Solution jurisprudentielle de la question.* — Après délibération en Chambre du Conseil, la Cour
de cassation a, *par un arrêt qui casse,* sous la date du 3 *juin*
1863, décidé que la vente totale ou partielle d'un navire n'est
valable, à l'égard des tiers, et ne peut être opposée aux créanciers, même postérieurs, qu'autant que cette vente a été
inscrite sur *l'acte de francisation,* selon les prescriptions de
l'art. 17 de la loi du 27 vendemiaire an II. — Par un nouvel
arrêt du 16 mars 1864 la Cour de cassation vient de *persévé-
rer* dans sa jurisprudence en décidant de rechef cette grave
question.

Havre. — Imp Lepelletier, pl. Louis-Philippe

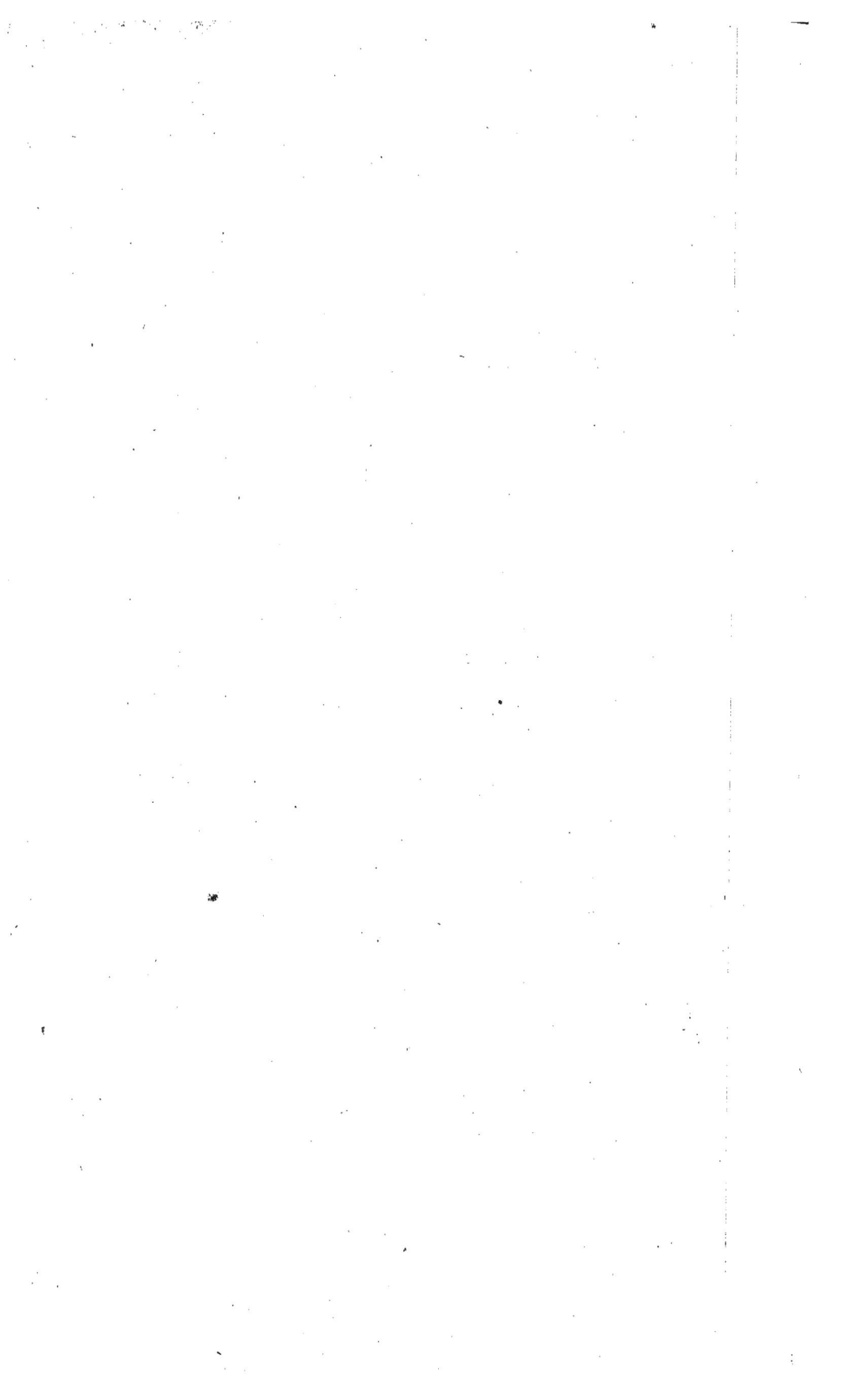

INSTITUTION DU CRÉDIT SUR MARCHANDISES

Il serait superflu d'insister sur l'utilité d'une pareille œuvre ; elle est suffisamment démontrée par l'objet même du traité, et ce qu'il importe de faire connaître au public, c'est la manière dont la conception de l'auteur a été réalisée. Disons donc que cette publication n'est pas moins digne d'estime sous le rapport de l'exécution qu'elle est méritoire dans son but. Dans cette lutte corps à corps avec un sujet ardu, M. Caumont a prouvé une fois de plus que rien ne résiste à des efforts opiniâtres.

L'ouvrage est précédé d'une préface qui porte l'empreinte d'un sentiment profond de la nécessité d'une alliance sincère de la philosophie morale avec l'économie politique. On n'est point habitué à cette manière émue et enthousiaste dans les travaux de ce genre et pourtant elle n'est pas déplacée dans cette introduction.

Ensuite vient une excellente table alphabétique et raisonnée de toutes les matières expliquées dans le cours du livre. Avec cette table, le lecteur ne saurait éprouver le moindre embarras, et le mot qui préoccupe sa pensée le renvoie immédiatement au paragraphe où se trouve la solution de ses doutes. Cette table, faite avec beaucoup de soin, a donc une utilité pratique incontestable. Tel est le caractère de l'ouvrage entier, qui est destiné aussi bien aux commerçants qu'aux jurisconsultes. Le style, peut-être un peu trop travaillé en certains endroits, témoigne pourtant d'un travail soutenu et d'un respect pour le public qui méritent tous les éloges. En résumé, la publication que nous annonçons est un bon livre fait par un homme capable de bien faire et vivement inspiré du désir de faire bien, et tout porte à croire qu'elle obtiendra le même succès que les écrits antérieurs du même auteur. *(Moniteur des Tribunaux.)*

L'auteur débute par des considérations générales fort intéressantes sur la destination des *magasins généraux*, et sur les services qu'ils sont appelés à rendre dans les *ports de mer*, ainsi que dans tous les grands centres industriels et agricoles. Il analyse ensuite le système anglais et le système français créé en 1848. Puis il arrive à l'explication même de la loi du 11 juin 1858, relative aux négociations concernant les marchandises déposées dans les *magasins généraux*. En même temps, et comme se rattachant à cette loi dont elle doit faciliter l'exécution, il s'occupe de la loi du même jour sur les *ventes de marchandises en gros*. Après avoir reproduit les motifs de chacune de ces deux lois, qu'il accompagne d'observations, M. Caumont s'occupe du *commentaire* proprement dit de leurs dispositions. Dans cette partie de son travail, l'auteur retrace les principes de la matière et discute un certain nombre de questions auxquelles la mise à exécution de la nouvelle législation peut donner lieu. Ces questions nous ont paru résolues généralement d'une manière satisfaisante, par la combinaison des règles du droit civil et du droit commercial. Ce commentaire est suivi d'un *traité complet sur les courtiers de commerce* en général, où sont retracées toutes les règles concernant ces officiers publics, et où sont rappelées les nombreuses difficultés élevées sur leurs droits et leurs obligations. Dans ce nouvel ouvrage, d'un style clair, peut-être un peu trop solennel cependant dans certains endroits, M. Caumont montre le même savoir, le même talent que dans son *Dictionnaire universel de Droit maritime*. Il obtiendra un égal succès. — (P. Gilbert.)

DE L'EXTINCTION DES PROCÈS

Dans cet ouvrage, écrit avec un talent remarquable, l'auteur démontre que l'Amiable Composition est préférable à l'arbitrage légal réglementé par le Code de procédure, et qu'elle devrait constituer le droit commun, comme cela a lieu à Genève, sans être assujettie aux formes et délais de la procédure. Après avoir passé en revue les inconvénients de l'arbitrage ordinaire et bien précisé les règles qui concernent l'amiable composition, M. Caumont expose quelles sont les personnes qui peuvent compromettre, quelles sont les matières pour lesquelles le compromis peut avoir lieu, quels doivent être les amiables compositeurs, quels sont leurs pouvoirs et quels sont leurs devoirs, quelles règles ils doivent suivre pour instruire l'affaire, comment ils doivent arrêter leur sentence, la rédiger, la signer et la déposer pour qu'elle soit rendue exécutoire. — L'ouvrage se trouve précédé d'une introduction qui se distingue par les brillantes qualités du style ainsi que par la profondeur des pensées puisées avec le tact de l'écrivain éprouvé au foyer de la philosophie et de l'histoire. — Nous devons ajouter que ce livre très bien fait s'adresse aussi bien aux gens du monde qu'aux jurisconsultes. *(Moniteur des Tribunaux.)*

DE L'ASSURANCE DU FRET A FAIRE ET DU PROFIT ESPÉRÉ

Les Chambres du commerce maritime de l'Empire français ont favorablement accueilli les réformes proposées par l'auteur.

PLAN DE DIEU OU PHYSIOLOGIE DU TRAVAIL

Sorte de dithyrambe philosophique et mystique en l'honneur du travail. — (Vapereau)

Étude sur la Vie et les Travaux de Grotius

La presse française et hollandaise (voir notamment le *Courrier du Havre*, 17 septembre 1862, *Algemeen Handels blad*, 11 january 1864) ont rendu compte de cet important ouvrage, couronné par l'Académie de législation de Toulouse, qui a décerné à l'auteur une médaille d'or.

DES GENS DE MER

Cette nouvelle brochure dénote l'ardeur avec laquelle M. Caumont poursuit la tâche qu'il a entreprise de hâter la révision d'une partie de notre code de commerce. Ses observations attestent une connaissance remarquable de la matière.....(DALLOZ, 5me cahier 1864.

Application des Warrants à la Propriété Maritime

...... M. Caumont rencontre souvent des idées heureuses : la constitution du gage nautique et l'application des warrants à la propriété maritime, notamment, peuvent rendre à la navigation de grands services comme instruments de crédit. Cependant, avant de solliciter sur ce point une réforme législative, il serait sage de s'éclairer de l'exemple des peuples voisins, de ceux surtout d'où cet institution nous est venue. L'étude de la législation et des usages comparés est de la plus haute importance et empêche le législateur de s'abandonner aux hasards de la fantaisie. — Nous prenons la liberté de signaler à M. Caumont cette matière si riche d'observations et d'études, et nous sommes convaincus que ses propres travaux y gagneront une grande autorité : celle que l'expérience ajoute au travail et au talent..... (SIREY, 10e cahier 1863).

MORALITÉ DANS LE DROIT
ou
Discours de clôture du Cours de Droit Économique

Le discours de M. Caumont termine dans les conditions les plus honorables pour lui le Cours qu'il a fait récemment dans la ville du Havre, où il occupe un rang distingué comme avocat. De pareils enseignements font l'honneur des cités qui les encouragent de leur assiduité et de leurs applaudissements et des savants qu'animent le culte de la science et l'amour de leurs concitoyens. (CH. VERGÉ, DALLOZ 4me cahier 1864.)
— Substantiel résumé de tout un cours professé à l'Hôtel-de-Ville du Havre par un orateur qui met son originalité à greffer le droit et l'économie politique sur la théologie. Chaque phrase est appuyée d'un texte puisé dans la Bible, depuis la Genèse jusqu'à l'Apocalypse, et fait entrevoir des affinités d'idées tout au moins curieuses. Pas une citation profane ne trouble l'harmonie de cette érudition chrétienne. Nous n'assurerions pas que ces rapprochements soient toujours solides ; mais l'esprit ne peut que s'élever et se fortifier dans la méditation des grandes œuvres littéraires et religieuses de l'humanité. Au moins, à ce point de vue, l'exemple de M. Caumont mérite d'être imité. (Économiste français, 16 Juin 1864).

BIENTOT SOUS PRESSE :

NOUVELLE ÉDITION ENTIÈREMENT REFONDUE ET CONSIDÉRABLEMENT AUGMENTÉE DU

DICTIONNAIRE UNIVERSEL DU DROIT MARITIME
Au point de vue Commercial, Administratif et Pénal, ou
Répertoire méthodique et alphabétique de Législation, Doctrine et Jurisprudence nautiques

avec de

Nombreuses tables spéciales et une table finale, générale et raisonnée de toutes les matières

Ouvrage soigneusement tenu au courant du *dernier état de la Jurisprudence jusqu'à 1865*, et renvoyant : 1º à tous les auteurs qui ont écrit sur la matière ; 2º aux grands recueils périodiques de *Dalloz*, du *Journal du Palais* et de *Sirey* ; 3º aux recueils spéciaux d'Aix, Anvers, Bordeaux, Havre, Marseille, Nantes et Rouen.

Un très beau et très fort Volume in-8º, à deux colonnes serrées, d'environ 1,000 pages, imprimé en caractères neufs et formant la matière de plus de 20 volumes in-8º ordinaire. Prix : France, 20 fr.; Étranger, 25 fr.

DU MÊME AUTEUR : EN TRÈS LONGUE PRÉPARATION

LANGUE UNIVERSELLE DE L'HUMANITÉ OU TÉLÉGRAPHIE PARLÉE
Par le nombre agissant

Réduisant à l'unité tous les idiômes du Globe compris instantanément d'un pôle à l'autre et à toutes distances, au moyen du

Dictionnaire de 30,000 phrases en HUIT LANGUES, numérique, concordant, méthodique et raisonné de

Toutes les idées les plus utiles, les plus pratiques et les plus progressives dans le monde physique, le monde intellectuel et le monde moral, et notamment sur les points suivants :

Commerce, Navigation, Chemins de Fer et Télégraphie électrique, précédé d'un Grammataire numérique et alphabétique et d'un vocabulaire de mots.

www.ingramcontent.com/pod-product-compliance
Lightning Source LLC
Chambersburg PA
CBHW071951090426
42740CB00011B/1904